조지훈 시와
현대 불교시

조지훈 시와
현대 불교시

최동호

KU PRESS
고려대학교
출판문화원

머리말

조지훈 선생님을 생각하며

1968년 5월 조지훈 선생님을 마석 송라산 언덕에 묻고 돌아온 다음 시를 향한 나의 길은 한동안 좌절과 망설임으로 인해 앞으로 나가지 못했다.

문학에 대한 것은 물론이고 인생에 대한 길을 찾지 못하고 시에서도 분명한 길을 찾을 수 없었다. 시 속에서 시의 길을 찾으려 거듭 노력하여 다행히 문학청년 지훈을 《문장》지에 추천한 정지용 시인을 30년 가까이 연구하면서 시의 정도와 시의 방향을 어느 정도 깨우칠 수 있었다.

그러나 마음 한편으로는 조지훈 선생의 시를 본격적으로 연구하지 못했다는 것이 커다란 아쉬움으로 남아 있었다. 정년이 한참 지나 이제 부족하고 작지만 한 권의 책을 간행할 수 있게 되었다는 것은 나로서는 큰 기쁨이라고 하지 않을 수 없다.

이 책을 간행하기로 한 구체적 계기는 2020년 11월 고려대학교에서 탄신 100주년을 기념하여 "2020 지훈 주간"을 정하고 다양한 행사를 기획하여 선생님의 문학적 인간적 조명을 시도했던 것에서 비롯되었다. 그동안 산발적으로 발표된 글들을 모으고 엮는 과정에서 필자는 마치 문학 초년생이라도 된 것과 같은 기분에 사로잡혀 있었다. 처음 문학을 시작하던 시절로 되돌아가 선생님을 되살리면서 그 분의 문학을 나름대로 심도 있게 생각하게 되었다. 다시 돌이켜 보니 미개척의 영역이 산적해 있었다. 이 책이 본격적이고 집중적인 연구서라고 할 수는 없지만 작은 바람은 새로운 연구와 비평의 출발점이 되기를 바라는 마음이라는 것이다.

이 책에 여러 자료를 모으는 과정에서 조지훈 선생님으로부터 직접 사사받은 서익환 선배님의 〈조지훈시연구〉(한양대 박사학위논문, 1988)가 기초적인 자료 확보에 결정적 도움이 되었으며 송현지 박사의 논문 〈조지훈과 혜화전문학교〉(《민족문화연구》 제30호, 2021. 2. 28.)도 새로이 연보를 작성하는 과정에서 큰 도움이 되었다. 이런 연구업적들을 살펴보면 아직도 국문학 연구가 초보적이고 기본적인 토대가 부족하다는 생각이 들기도 했다.

돌이켜 보면 고려대국문학과 창립 60주년을 맞아 학교 당국은 물론 국문과 총동창회와 합심하여 2006년 모교 교정에 "조지훈 시비"를 건립했던 것도 잊을 수 없는 일이었으며 남양주문인협회 회원들의 도움에 힘입어 2012년 마석역 광장에 '조지훈 시비'를 건립하고 해마다 산소 방문 행사를 했던 것도 스승에 대한 제자의 도리를 조금은 표한 것이라 할 수 있을지 모르겠다.

한 가지 아쉬운 일은 코로나 사태로 인해 우크라이나 키예프국립대학 식물원 공원에 노문과 허승철 교수와 추진했던 '조지훈 동상 건립'을 마무리하지 못한 일이다. 코로나가 해결되고 국제관계가 자유로워지면 당연히 다시 뜻 있는 여러분들과 함께 마무리해야 할 일이라고 생각하고 있다.

이런 일들을 하나씩 해 나가는 과정에서 필자의 시 또한 조금이라도 앞으로 나갈 수 있을 것이라 믿는다.

마지막으로 오랜 인연으로 이 책의 출간을 흔쾌하게 맡아준 고려대학교출판문화원 관계자 여러분들에게도 깊은 감사의 말씀을 전해 드리며 번거로운 교정 작업을 마다하지 않은 정우진 박사에게도 고마운 마음을 표해 둔다.

2022년 2월 21일

최동호 삼가 씀

차례

1부 • 조지훈 시의 정신사

2부 • 조지훈의 문학사적 의미망

3부•기초 자료

1부

조지훈 시의 정신사

조지훈 선생과 첫 만남

조지훈 시인을 마석 송라산 언덕에 모시고 돌아온 지 52년의 세월이 지나갔다. 선생은 불과 48세 젊은 나이에 작고했으나 이 글을 쓰는 나는 일흔을 넘긴 나이라는 점에서 세월의 빠름을 실감하지 않을 수 없을 뿐만 아니라 옛 스승의 시와 인생을 다시 기리고 싶은 마음 새롭다. 당시 고려대학교 국문과 3학년 학부 학생으로 스승의 죽음을 맞았던 나로선 무슨 일이 어떻게 된 것인지 앞뒤 문맥을 전혀 모르는 상태였지만 앞으로 내가 걸어가야 할 문학의 길이 매우 멀고도 험난할 것이라는 불운한 예감이 스쳐 갔다는 건 부정하기 어려웠다.

고등학교 국어교과서에 수록된 시 〈승무〉를 처음 보고 젊은 날의 고뇌에 공감한 알 수 없는 이끌림으로 인해 고려대 국문학과에 진학했지만 스승은 떠나고 그 자리에 내가 홀로 남아 있게 되었다는 생각이 들었고 그로 인한 알 수 없는 고독에 사로잡힌 문학청년의 외로움이 대학 시절 내내 나를 지배했다. 1966년 1학년 2학기 《문학개론》 그리고 1967년 2학년 1학기 〈시론 및 연습〉 등 본명 조동탁 이름으로 개설된 두 과목을 수강했다. 한 학기 두세 번의 강의 그리고 리포트가 거의 전부였으며 후반부는 김종길 선생이 대강을 했지만 지훈은 우리에게 지울 수 없는 강한 충격을 남기고 갔다. 국문과 동급생 모두가 호기심 어린 눈동자로 기다리고 있던 1967년 봄 〈시론 및 연습〉 첫 강의 시간 지팡이를 짚고 본관 3층 계단을 힘들게 올라 느린 걸음으로 강의실에 등장한 지훈은 초연한 표정과 장대한 체구에서 우러나오는 음성으로 시의 언어에 대해 이야기하고 그 정신적 중요성을 강조하면서 가끔 기침이 나면 입을 손으로 가리고 창밖을 응시하듯 먼 곳을 바라보았다.

큰 바위 얼굴 같은 커다란 얼굴에 감도는 미소는 부처의 염화시중의 미소같이 부드러워 어린 대학생들을 사로잡기에 충분한 것이었다. 유려한 언변과 열정에 넘치는 표정 그리고 칠판에 적힌 커다란 한문 투의 글씨 등으로 강의실을 압도하는 지훈의 마력 속으로 우리는 빠져 들었다. 중간고사는 아마도 '문학이란 무엇인가'와 '시란 무엇인가'와 같은 평생 부딪혀야 하는 거대한 문제였다고 기억되는데 이는 어린 우리들이 감당하기에는 아주 어려운 질문이었다. 아리스토텔레스의 《시학》과 지훈의 《시의 원리》 그리고 《문학개론》 등을 통독하는 것이 과제였지만 이 산과 같은 질문을 앞에 두고 철부지 초보자들은 무어라고 알지도 못하는 말들로 열심히 답안지를 깨알같이 메우면서 진땀을 흘렸던 기억이 강하게 남아 있다. 후일담이지만 지훈의 학점은 결코 너그럽지 않고 까다로웠다는 것이 답안지를 걷어 간 동급생의 전언이었다. 아마 지훈의 섬세하고 치밀한 성품의 반영이었을 것이다.

그리고 1968년 교정에 진달래와 철쭉이 만발하던 5월 어느 봄날 지훈이 작고했다는 이야기가 풍문처럼 들려오고 다음 날 오전 수업을 마친 동급생들은 당연한 일인 것처럼 영문도 모른 채 성북동 자택으로 문상하기 위해 몰려갔다. 당시는 그것이 하나의 풍습이기도 했다. 선생의 자택은 자그마한 한옥이었는데 문밖에는 조화가 늘어서 있었고 마당 가운데 펌프가 눈에 띄었다. 빈소에는 당시 열세 살 막내아들(3남 조태열은 후일 외교부 차관을 하고 유엔주재 한국대사를 역임했다)도 문상객을 맞아 곡을 하고 서 있었던 것 같다.

우리들은 저렇게 어린 아들을 두고 갔다고 걱정하며 귓속말을 속삭였다. 가벼운 부슬비가 내리고 있었던 19일에는 고려대 교양관 앞 운동장에서 영결식이 거행되었는데 대략 300여 명에 가까운 많은 조문객이 운집했던 것 같다. 흐린 하늘 아래 청록파 동인 박목월 시인의 낮고 음울한 시 낭독 소리와 모윤숙 시인의 울음 섞인 목소리를 멀리서 들었었는데 그분들의 조시 낭독은 지금도 귀에 쟁쟁하다.

지훈의 문학은 다음 세 가지 정도로 나눌 수 있다. 불교의 선적인 것, 유가적인 것, 전통의 고전적 미학을 추구한 것 등이 그것이다. 친근하게 느껴지는 것은 후기에 자신의 심경을 담백하게 토로한 유고시 〈병에게〉 같은 시이지만 초기 불교의 선 감각을 보여 준 〈고사〉나 〈낙화〉 같은 시도 명편이라고 할 수 있다. 지훈의 문학사적 위치는 현대시의 아버지라고 하는 정지용 시인의 추천으로 1940년 종합 문예지 《문장》으로 등단한 다음 일제 말 암울한 낙백의 시기를 보내다가 광복 직후 같은 지면으로 등단한 박목월, 박두진과 함께 1946년 합동 시집 《청록집》을 간행하여 광복 전후의 문학사를 잇는 한국 서정시의 정통성을 계승한 시인으로 평가된다. 뿐만 아니라 4·19혁명을 전후한 지훈의 사회적 명성은 〈지조론〉이나 〈의기론〉과 같은 논설에서 비롯된 것이지만 당시로서는 가장 체계적인 《시의 원리》라는 저서도 현대시론의 기틀을 다진 학술적 업적이었으며 현장비평가로서 보여준 월평이나 시론 또한 정연한 문장으로 우리 문단이 지향해야 할 길을 밝혀주었다. 유려한 문장과 정연한 논리가 귀하던 당시 지훈의 문체는 세간을 움직이기에 충분한 것이었다.

선생을 처음 뵙고 반세기가 넘는 세월이 지난 지금 다음 두 가지를 말해두고 싶다. 하나는 스승은 지식만을 가르치는 사람이 아니라는 것이다. 훌륭한 선생은 많은 지식을 전하는 사람이 아니다. 무언의 가르침, 거기서 각자 자신의 갈 길을 찾게 만드는 사람이 스승이다. 머리에 쌓인 지식은 그 자체로 일정한 한계가 정해져 있는 것이다. 지식 이상의 것을 가르치는 선생이 스승이라는 이름에 어울린다. 지식의 전달사에 국한되면 거기서 각자가 스스로 사유하고 고민하는 인간적 교감은 사라져 버린다. 참다운 교육은 단순한 지식의 전달이 아니라 그 너머로 향하는 길을 암시하고 그 길을 찾을 수 있도록 도와주는 것이다. 창밖을 멀리 바라보던 지훈의 시선이 나에게는 바로 그런 가르침이었다. 요즈음 세태는 온갖 지식이 난무하고 헛된 말이 너무 많은 지식 과잉의 시대이다. 지식은 전보다 훨씬 풍요로운 것처럼 보여도 인간은 사라져 버린 것이 오늘날의 교육현장이다. 지훈은 강의를 통해 많은 지식은 전해 준 교수는 아니다. 상징과 암시로 평생을 가는 길을 찾게 만드는 선사의 설법 같은 화두를 던지고 갔다.

고려대 교수로 재직하고 있던 2006년 10월에 창립 60주년을 맞이한 국문학과에서 여러 선후배들과 함께 고려대학교 교정에 조지훈 시비를 건립한 것도 스승으로서 지훈이 남기고 간 이러한 가르침을 후대에 전하고 싶은 충정에서 비롯된 것이다. 그 과정은 지난했지만 모교에 조지훈 시비를 건립함으로써 고대의 정신적 원점을 세운다는 일념으로 추진했던 일이다.

마지막으로 과연 지훈의 전체상을 어떻게 볼 것인가. 지훈은 커다란 거인과 같은 인물이었고 시인 이상의 시인이었다. 1940년 시인으로 등단하여 1950년대 6·25 전쟁 상황에서는 종군 문인으로 활동하였고 1960년대 4·19혁명기에는 〈교수단 시국선언문〉을 주도적으로 작성하는 등 사회정의를 바로잡는 데 직접 참여한 문인이었으며 《한국문화사서설》(1964)로 전인미답의 영역이었던 한국학을 개척한 선구자이기도 했다. 한국의 유가적 전통을 이어받은 마지막 선비이자 지사였으며 현대적 지성도 아울러 갖춘 시인이었던 까닭에 우리가 살고 있는 디지털 시대에는 결코 만나기 어려운 큰 인간적 스승이 지훈이다. 코로나가 세계적으로 유행하고 비대면 교육이 전면적으로 시행되고 있는 오늘날 지식은 난무하고 문학은 위축되고 나아가 인간성마저 부정되는 반인문적 상황에서 탄생 100년을 맞아 지훈 같은 시인, 지훈 같은 스승을 그려보고 이를 미래의 세대들에게 전하는 것은 의미 있는 작업이라 확신한다.(《현대시학》 2021년 1·2월호)

조지훈 탄생 100주년 기념 산소 방문 행사

지난 2020년 11월 고려대학교에서는 '조지훈 시인 탄생 100주년 행사'를 일주일에 거쳐 성대하게 진행했다. 대산재단에서도 탄생 100주년 문인 행사도 지난해 거행했다. 그러나 서력으로 정확하게 따지면 2021년이 조지훈 탄생 100주년이다. 이는 음력과 양력 사이에 걸쳐져 있는 음력 12월이라는 출생연도 때문에 생긴 일이라는 것은 이미 필자가 논문을 통해 밝힌 바 있다.

한국시인협회와 사단법인 시사랑회가 공동으로 탄생 100주년 기념 산소 방문 행사를 하기로 한 것은 그런 연유 때문이다. 1968년 5월 17일 작고하시고 19일 고려대학교 교정에서 영결식을 한 다음 마석 송라산 언덕을 올라갔던 기억이 새롭다. 반세기 전 필자는 학부 3학년 학생이었고 우연히 관을 운구하는 과정에서 영정 사진을 들고 언덕을 올라 하관과 봉분 과정을 지켜보았다. 물론 당시 훗날 이 자리에 오게 될 것이라는 어떤 거창한 생각도 없었고 다시 반세기가 지나 이 자리에 다시 선후배 시인들과 함께 찾아오게 되리라고도 생각하지 않았다.

2021년 5월 17일 오전은 날이 흐리고 비가 산발적으로 내리고 있었다. 생각보다 일찍 마석역에 도착하여 다른 분들이 오기를 기다렸다. 마석역 광장에 남양주 문인협회에서 건립한 조지훈 시비를 다시 둘러보고 있는데 유재영, 권달웅, 이건청 시인들이 보이고 이어서 나태주, 김왕노, 김지헌 등 시인협회 관계자들이 나타났다. 그리고 남양주문인협회의 이용호 회장, 한정희 지부장 등이 반갑게 우리를 맞이해 주었다. 김종훈 교수가 고려대 대학원 학생들과 함께 행사 진행을 도우러 왔다. 마석역 뒤편으로 연결되어 있는 오솔길을 따라서 송라산 언덕을 오르니 전보다 안내판 설치 등으로 등산로가 잘 정비되어 있었다.

한국시인협회 나태주 회장이 먼저 울먹이면서 인사말을 시작했다. 등단 전부터 알고 선생의 시를 외우고 배웠던 까닭에 마땅히 모셔야 했는데 이렇게 늦게야 오게 되어 죄송하다고 하면서 감회 어린 추모의 예를 표하고 그날의 좌장인 이건청 시인이 박목월 선생과 조지훈 선생을 모시고 양정고등학교 시절 문학의 밤 행사를 했던 기억을 되살리며 감회 어린 추모사를 들려주었다. 필자는 앞으로 나가 간단히 오늘 행사의 의미를 이야기하고 앞으로 이 자리가 잘 지켜지고 지훈 선생의 시가 더욱 빛나기를 바란다는 요지의 인사말을 했다. 이어 박목월의 제자이며 조지훈과 동향이기도 한 권달웅 시인이 조지훈의 〈승무〉를 또박또박 낭송을 하여 가슴을 울렸으며 시인협회 부회장 김왕노 시인이 선생의 시 〈병에게〉를 낭독했다. 빗발이 제법 날리기 시작하여 우산을 쓰고 나머지 행사를 진행하지 않을 수 없었다. 떨어지는 빗방울을 등에 맞으며 제주를 올리며 드는 생각은 시인은 죽어도 시는 영원하다는 느낌이었다. 그리고 한편으로는 아무리 시가 좋다고 하더라도 스승으로서 예우를 받기 위해서는 그분의 언행과 문학이 일치할 때 가능하다는 생각이 들었다.

조지훈 시인을 떠올리면 드는 또 하나의 생각은 선생은 당신 자신의 언행은 물론 제자들에게도 깊은 인간적 사랑을 보여주었다는 것이다. 1950년 6·25전쟁이 터진 다음 날 오후 고려대학교에서 마지막 수업을 했다. 그때의 심경을 솔직하게 토로한 '절망' 시편을 보면 다음과 같다.

午後 二時
高麗大學校 三層에서〈詩論〉을 얘기한다.

議政府方面의 銃聲이 들려온다
校庭의 스피커에서 戰況報道가 떤다.

靑春에는 迂遠한 언어가 차라리 馬耳東風
허나 詩는 진실로 이런 때 서는 것을…

〈不安과 存在의 意味를
너 오늘에야 알리〉

수런대는 가슴들이 눈을 감는다
오늘 흩어지면 우리는 다시
이승에선 못 만난다는 슬픈 可能性

이 苛烈한 마당에 다시 고쳐 앉아
人情의 약함에 눈물지음은
또 얼마나 값진 힘이랴.

도어를 밀고 나온다.
詩가 戰雲 속으로 숨는다.

—〈絕望의 日記〉 중에서

시집 《역사 앞에서》(1959)에 수록된 이 시는 전쟁 발발 다음 날인 6월 26일 오후 두 시 지훈의 〈시론〉 강의 현장을 그대로 표현하고 있다. 고려대 본관 3층은 필자가 바로 1967년 가을 지훈의 〈시론〉 강의를 들었던 바로 그 자리이다. 전쟁 발발의 흉흉한 소식이 전해지고 있음에도 불구하고 불안한 마음으로 교실로 모여든 젊은 학생들에게 마지막으로 시를 강의하기 위해 나선 화자의 침중함이 여실하게 나타나 있다. 오늘 흩어지면 다시 만나기 어려운 제자들에게 우원한 언어의 시를 가르치는 스승의 심정은 그들에 대한 사랑으로 인해 착잡하기 이를 데 없다.

이제 헤어지면 다시 만나기 어려운 제자들에게 하는 마지막 강의를 담담하게 그러나 억누르기 어려운 심정을 토로한 이 시는 시대적 배경을 전제하지 않으면 그 절박함에 공감하기 어렵다. 해방 정국에서의 격렬한 좌우의 대립을 극복하여 독립 국가를 세운 지 겨우 이 년여의 시간이 지난 상황에서 발생한 이 민족상잔의 비극은 개인이 감당하기 어려운 시대적·역사적 소용돌이라고 하지 않을 수 없다. 강의를 마친 지훈은 다음 날 가족과 이별하고 한강을 투신하듯 건너 '문총구국대'에 가입하여 전쟁의 현장을 선도적으로 누비면서 종군 문인으로서 활동했다. 국가가 위기에 처하면 분연히 일어나 몸을 던져 이를 구한다는 유가적 실천 덕목을 그대로 실천하는 우국충정이 발현된 것이었다.

전운 속으로 숨어버린 시가 아니라 혼신의 힘을 다하여 절체절명의 위기를 극복하고자 하는 충정이 그를 움직이게 만든 것이다. 이러한 충정은 전쟁의 여진이 다 가라앉기도 전에 일어난 4·19 당시에도 다시 발휘되어 '교수선언문'을 작성하고 불의에 항거하기 위해 전면에 나선 것도 같은 문맥이라고 할 것이다.

멀리서 총성이 들리는 강의실에서 어찌할지 몰라 불안한 마음으로 수런대는 젊은 학생들에게 시론을 강의하던 긴장된 분위기를 떠올려 본다. 이어서 1967년의 가을 지훈에게 시에 대한 이야기를 들었던 강의실 분위기를 다시 생각해 본다. 그리고 1988년 3월 고려대 교수로 부임하여 학생들에게 〈현대시론〉을 강의하던 시간으로 되돌아가 본다. 언제나 부족한 제자가 스승의 그림자를 뒤쫓아 가려고 노력하며 살아온 것 같은 마음이다. 탄생 100주년을 맞이한 2021년 5월 17일 늦은 봄비가 내리는 날 지훈의 산소 방문의 시간을 반성적으로 생각해 본다. 반세기 저편의 일들이 주마등처럼 지나간다. 인생은 짧고 예술은 길다는 말을 실감한다. 디지털 코드가 지배하는 세상에서 지훈 선생의 시와 스승으로서의 자세는 스승이 사라지고 시인이 자존감마저 상실한 오늘날 쉽게 잊히기 쉽다. 인공지능에게는 스승이 필요하지 않다. 오직 입력된 자료나 데이터에 근거하여 판단하고 행동한다. 인간과 인격이 사라진 불행한 시대일수록 모범을 보인 스승을 다시 떠올려 보게 된다. 빗방울이 등을 때리며 떨어지는 날 그 역사의 현장을 돌아보고 그것을 기록하는 필사의 마음은 결코 가볍지 않다.(2021년 9월 9일)

조지훈의 추천작에 대하여

1. 머리말

지훈(芝薰) 조동탁(趙東卓)은 1921년 1월 11일(음력 1920년 12월 3일)[1] 경북 영양군 일월면 주실 마을에서 출생하여 1968년 5월 17일 작고하였다. 유년시절 조부 조인석 선생으로부터 한학을 가학으로 전수받은 그는 1928년 영양보통학교를 졸업하고 1938년 혜화전문학교 문과에 입학하여 1941년 동교를 졸업하였다. 혜화전문학교에 재학 중이던 1939년 4월 《문장》지에 〈고풍의상〉을 처음 추천받는 것을 시작

1) 조지훈의 출생연도에 대해서는 최동호, 〈조지훈 시의 초기 판본에 대하여〉, 《한국문예비평연구》 제30집(2009), 91-111쪽을 참조할 것.

으로 12월 〈승무〉 그리고 1940년 2월 〈봉황수〉와 〈향문〉 등 모두 네 편을 추천받아 3회 추천 과정을 완료하였다.

조지훈의 시를 문단에 추천한 시인은 당시 한국 시단을 대표하던 정지용이었는데 조지훈의 최종 추천작에 대한 지용의 찬사는 처음 등단한 신인에 대한 통상적인 평이라기보다는 동료 시인의 신작을 고평하는 것 같다는 느낌을 줄 정도이다. 아마도 《문장》의 시 부문 추천위원이 되어 첫 추천자 중의 한 사람이었던 지훈에 대한 기대가 컸을 것이라 짐작되지만 무엇보다 시인으로서 지훈이 가진 남다른 개성도 작용하였을 것이다. 지용이 추천한 조지훈의 시 네 편은 이후 지훈을 대표하는 시로 독자들에게 받아들여진다는 것을 볼 때 지용의 신인 추천은 뛰어난 혜안을 발휘한 것이라고 해도 과언이 아니다.

그러나 그동안 지훈의 추천시에 대한 심도 있는 논의가 전개되지 못했으며 특히 이 과정에서의 지훈의 시적 진로에 대한 고심과 시인으로서 자기 발견의 과정은 크게 다루어지지 않았던 것으로 판단된다. 이러한 시적 모색에는 지용의 명민한 추천사가 크게 작용하였으며 이는 미지의 신인에 대한 길잡이로서 그의 역할 또한 높이 평가해야 할 부분이라 하겠다. 이 글에서 필자는 지훈의 3회에 걸친 추천시 네 편에 대해 분석적 논의를 전개하는 한편 지용의 선후평도 이와 관련하여 유기적으로 살펴봄으로써 지훈의 초기 시에 대한 이해를 좀 더 심화시켜 볼 것이다. 이러한 이해를 통해 초기 지훈 시를 포괄적으로 살펴볼 수 있게 되는 것은 물론이며 앞으로 출현할 미래의 신인들에게도 이러한 연구가 시인으로서 자신의 진로를 결정하는 데 중요한 참고사항이 될 것이라 기대한다.

2. 제1회 추천작 〈고풍의상〉

종합문예지 《문장》은 1939년 1월 창간되었으며 창간과 더불어 소설에 이태준, 시에 정지용 그리고 시조에 이병기 등을 추천위원으로 내세워 신인작품공모에 들어갔다. 이는 당시 등단을 갈망하던 문학 지망생들로부터 열띤 호응을 받기에 충분한 것이었다. 창간호에 이미 소설에 이광수의 〈무명〉, 이효석의 〈산정〉, 이태준의 〈영월영감〉과 시에 박종화의 〈석굴암〉, 김상용의 〈어미 소〉, 모윤숙의 〈잠든 눈〉

그리고 이태준의 〈문장 강화〉 등 당대의 문단의 중진 대가들의 작품을 수록하여 문단의 중심이 된 종합문예지였다. 그런 잡지에서 신인들의 작품을 공모하니 문학을 지망하는 젊은이들에게 커다란 반향을 불러일으키는 것은 당연한 일이었는지도 모른다. 조지훈은 이런 상황에서 김종한, 황민과 더불어 당당하게 시 부문에서 처음으로 추천을 받게 되었다. 아마도 이는 지훈의 생애에서 잊기 어려운 사건이었음에 틀림없다.

지용의 추천사와 함께 지훈의 〈고풍의상〉이 발표된 것은 1939년 4월이니 문단 내외에서 새로 등장하는 신인의 작품이 호기심 어린 눈길을 받는 것은 자연스러운 일이었다.

> 하늘로 날을 듯이 길게 뽑은 부연 끝 풍경이 운다
> 처마끝 곱게 늘이운 珠簾에 半月이 숨어
> 아른아른 봄밤이 杜鵑이 소리처럼 깊어가는 밤
> 곱아라 고아라 진정 아름다운지고
> 파르란 구슬빛 바탕에 자지빛 호장을 받친 호장저고리
> 호장저고리 하얀 동정이 환하니 밝도소이다.
> 살살이 퍼져나린 곧은 線이 스스로 돌아 曲線을 이루는 곳
> 열두 폭 기인 치마가 사르르 물결을 친다.
> 초마 끝에 곱게 감춘 雲鞋 唐鞋
> 발자취 소리도 없이 대청을 건너 살며시 문을 열고
> 그대는 어느 나라의 古典을 말하는 한 마리 胡蝶
> 胡蝶이냥 사푸시 춤을 추라 蛾眉를 수기고……
> 나는 이 밤에 옛날에 살아 눈 감고 거문고ㅅ줄 골라보리니
> 가는 버들이냥 가락에 맞추어 흰 손을 흔들어지이다.[2]

이 시의 화자는 일단 대상을 바라보는 소묘적인 시선으로 일관하고 있다. 그러나 사물을 관찰하고 이를 표현하는 화자의 날카로운 시선을 보여준다는 점에서

2) 조지훈, 〈고풍의상〉, 《문장》 제1권 제3호(1939년 4월), 128-129쪽.

지용의 눈길을 끌기에 충분했을 것이다. 물론 지훈은 이 한 편의 작품만 투고한 것 같지는 않다. 지용의 추천사도 그러하지만 지훈 자신도 처음부터 이런 경향의 작품에 노력을 집중한 것 같지는 않다.

다음과 같은 지훈의 회고에서도 나타나고 있는 것처럼 당시 그는 서구의 탐미주의적인 작품을 탐닉하고 있었으며 〈고풍의상〉류의 작품을 적극적으로 탐구한 것은 아니기 때문이다.

> 〈고풍의상(古風衣裳)〉은 서구시를 모방하던 그 때까지의 나의 습작을 탈각하고 자신의 시를 정립하려고 한 첫 작품이었으나 실상은 강의 시간에 낙서삼아 쓴 것을 그대로 우체통에 넣은 것이 뽑힌 것이다. 그러나 이는 민족문화에 대한 나의 애착, 그 중에서도 민속학 공부에 대한 나의 관심이 절로 돌아나온 작품이었음을 알 수 있다. 이 계열의 작품은 그 때까지 이 〈고풍의상(古風衣裳)〉한 편밖에 없었기 때문에 삼회 추천을 필요로 하는 나의 추천 통과는 자연히 지연되지 않을 수 없었다.[3]

초기 서구시를 모방하던 지훈의 시적 탐색은 지용이 첫 추천작으로 〈고풍의상〉을 선택함으로써 크게 일변하게 된다. 지용이 초현실적이며 탐미적인 취향을 지닌 〈지옥기〉 시편[4]을 택하지 않았던 것은 그 나름으로 〈고풍의상〉에서 응모자의 번득이는 시재를 발견하였기 때문일 것이다. 지용은 다음과 같은 추천사와 함께 《문장》의 시 부문 첫 추천자의 맨 앞자리에 지훈을 두게 된다.

> 〈華悲記〉도 좋기는 하였으나 너무도 앙징스러워서 〈古風衣裳〉을 택하였습니다. 매우 유망하시외다. 그러나 당신이 美人圖를 그리시랴면 以堂 金殷鎬畵伯은 당하시겠읍니까. 당신의 詩에서 앞으로 생활과 호흡과 年齒와 생각이 보고 싶습니다.[5]

3) 조지훈, 〈나의 역정〉, 《고대문화》 제1집(1955년 12월), 109쪽.

4) 초기 習작시대의 시편을 이렇게 명명하고 분류한 것은 지훈 자신에 의해서이다. 조지훈, 〈후기〉, 《조지훈 시선》(정음사, 1956), 179쪽 참조.

5) 정지용, 〈시선후〉, 《문장》 제1권 제3호(1939년 4월), 132쪽.

지용의 선후기를 읽어 보면 당시 시 부분 응모작은 모두 100여 편이었음을 알 수 있다. 이는 《문장》의 신인추천에 대한 문단 내외의 뜨거운 반응을 말해 주는 것이라고 하겠다. 이 중에 세 편의 추천자 중의 한 사람으로서 그리고 세 사람 중 첫 소개자로서 지훈에게 주어진 화려한 조명은 문단의 이목을 집중시켰을 것이다. 그런데 위의 추천사는 간명한 것이지만 문학을 지망하던 당시 지훈이 처한 상황을 선명하게 보여 준다. 일단 지용이 지훈의 문학적 재능을 매우 유망하게 보고 있다는 사실이 확인되며 투고 작품에 〈고풍의상〉 외에도 〈화비기〉라는 제하의 작품이 있었음을 알 수 있다.

응모 규정에 3편 이내라고 한정하고 있었던 것으로 보아 다른 2편의 작품이 더 있었을 것으로 짐작되는데 〈화련기(華戀記)〉, 〈비련기(悲戀記)〉 등의 2편이 여기에 해당되는 시가 아닐까 한다. 《조지훈 전집》(일지사, 1973)에는 〈화비기(華悲記)〉라는 단일 제목의 시가 보이지 않는다. 그러나 이를 오식이라고 보기[6]보다는 이 두 편의 시를 응모할 당시에 〈화비기〉라고 제목을 수정하지 않았을까라고 생각해 볼 수 있다. 그 내용으로 보아 참고로 〈화련기〉, 〈비련기〉 두 편은 모두 젊은 청년의 연애실패담을 의식의 흐름 수법으로 산문시로 표현한 것인데 당시 문학 지망생으로서 지훈이 탐닉하던 서구의 악마주의적이며 탐미적인 성향이 짙게 엿보이는 조금은 문청 취향이 나타나는 제목의 시라고 하겠다. 이런 경향의 시에는 〈오감도〉(《조선중앙일보》, 1934년 7월 24일 첫 발표)로 세간에 큰 반향을 불러일으킨 이상, 그리고 산문시를 지향하던 정지용의 〈장수산〉(《문장》 1권 2호, 1939. 3), 〈백록담〉(《문장》 1권 3호, 1939. 4) 등의 선행한 작품들의 영향도 일부 엿볼 수 있다. 참고로 작품을 인용하면 다음과 같다.

> 白孔雀이 파르르 날개를 떤다, 파란 電燈이 켜진다, 白蠟 같은 손가락을 빤다. 빠알간 피가 솟는다. 피는 孔雀夫人 가슴에 얼굴을 묻고 눈물로 아픈 즐거움에 즐거움은 가슴을 쪼다. 아 흰 꽃이 피는 빈 창밖으로 호로 馬車가 하나 은빛 어둠을 헤치고 北으로 갔다. 나어린 少女에게 義로운 피를 잃고 이름도 모를 屈辱에 값싼 웃음을 파는 賣春婦, 나는 貴族令孃의 淫樂의 奴隸란다. 하이얀 電燈을 부

6) 윤석성, 《조지훈》(건국대학교출판부, 1997), 35쪽.

수고 하늘빛 구슬을 빨자. 알콜을 빨면 푸른 靜脈이 動脈이 된다. 바다가 된 陸地다. 破船된 寢室이다. 情熱이 過剩되면 生活은 모자라 슬픈 刺戟은 한밤의 戀劇을 낳는다. 나는 대체 죽었느니라.[7]

—〈화련기〉 전문

아마도 젊은 청년의 여성 체험이 의식의 흐름 수법으로 표현된 것이 아닌가 하는 혐의가 나타난다고 할 수 있는데 이 시에 비해 복고적이기는 하지만 〈고풍의상〉이 작품으로서 완성도가 높다는 것에는 의문의 여지가 없다. 당시 조지훈 개인은 이런 서구 취향의 시편에 더 집착이 많았을 것이라 짐작되지만 지용의 언급대로 젊기는 하지만 앙증스럽다고 해야 할 것이다.

그러나 〈고풍의상〉에도 간과할 수 없는 약점이 있다. 지용이 언급한 대로의 '생활과 호흡과 연치(年齒)와 생략'이 필요하다는 것이다. '생활과 호흡과 연치'라는 것은 실제 체험이 부족하다는 것이며 '생략'이라는 말은 언어적 수사가 과다하다는 지적일 것이다. 실제 체험의 결여와 생략을 요구하고 있는 지용의 언급은 지훈의 장단점을 날카롭게 지적한 것이라고 하겠다. '곱아라 고아라 진정 아름다운지고'와 같은 시행이나 '그대는 어느 나라의 고전(古典)을 말하는 한 마리 호접(胡蝶)/호접이냥 사푸시 춤을 추라 아미(蛾眉)를 수기고…'와 같은 시행은 특히 생략이 요구되는 부분이라 할 것이다.

그럼에도 사물을 응시하고 이를 심미적으로 파악하여 새로운 고전을 창조하는 시적 능력에 있어서 지훈의 시재는 추천자인 지용의 마음을 움직이기에 충분한 것이었다고 하겠다. 오히려 지용 시의 재기발랄한 시가 앙증스럽다면 유장한 운치를 지닌 지훈의 시는 장중하다고 느껴진다. 위의 시에서 '곧은 선(線)이 스스로 돌아 곡선(曲線)을 이루는' 것처럼 유장한 선의 미학이 지훈 시가 지닌 남다른 개성이라고 하겠다.

7) 조지훈, 〈화련기〉, 《조지훈전집 2》(일지사, 1973), 42쪽. 시 제목 〈화련기〉는 전집에 의거한 것이며 〈화비기〉는 《문장》 신인상 투고할 당시 수정한 제목일 가능성이 있다. 이 글에서 일지사판을 사용한 것은 1996년 간행된 나남출판사판 전집에서 한자를 많이 제거해 원문이 약화되었기 때문이다.

3. 제2회 추천작 〈승무〉

〈고풍의상〉이 추천된 직후 조지훈은 이어서 작품을 《문장》에 투고한 것으로 보인다. 1939년 4월호에 게재된 〈시선후〉에서 정지용이 '조지훈 군은 이번 시는 지저분하니 기구만 많았지 전 것만 못하고'[8]라고 한 것으로 보아 《문장》의 추천위원 지용의 눈길을 넘어서는 것이 만만한 과정이 아니었음을 알 수 있다. 지훈의 시 〈승무〉가 《문장》에 추천된 것은 1939년 12월호였다. 첫 회 추천으로부터 8개월 뒤였다.

이 기간 동안 지훈이 추천의 벽을 넘어서기 위해 노력한 것은 비장한 것이었다. 〈승무〉의 창작 과정에 대해 그 자신이 밝힌 바에 따르면 첫 착상으로부터 완성에 이르기까지 대략 일 년 가까이 소요된 것으로 보인다. '어떻든 구상한 지 열 한 달 집필한 지 일곱 달 만에 겨우 이루어졌다'[9]라고 지훈이 말하고 있는 것으로 보아 〈고풍의상〉보다 먼저 〈승무〉를 시화하려는 의도를 가지고 있었지만 작품의 완성은 그 뒤로 미루어졌으며 그만큼 쉽게 쓸 수는 없었지만 지훈이 애착을 가지고 공들인 작품이라고 말할 수 있을 것이다.

지훈의 회고를 통해 볼 때 그가 처음 승무를 본 것은 '열아홉 살 가을'에 '수원 용주사'에서였다고 하니 이 시기는 1938년 가을로 추정된다. 만약 이 추정이 맞는 것이라면 《문장》지에서 신인 추천 작품을 모집하기 전에 승무를 보고 이를 시로써 표현하고자 하는 의욕을 불태운 것이라고 할 수 있다. 그러나 그가 열정을 가지고 집중할수록 쉽게 작품을 완성할 수 없었을 것이다. 1939년 봄이 지나고 첫 여름이 될 무렵 처음 종이에 올려 초고를 만들게 되었던 것이다. 그러나 완성작은 쉽게 이루어지지 않았다. 이때의 고심참담한 심정을 지훈은 다음과 같이 기록해 놓았다.

> 나는 이 초고를 몇 날 만지다가 그대로 책상 우에 버려둔 채 환상이 가져오는 소위 시수에 빠지게 되었으니 이 승무로 인하여 떠오르는 몇 개의 시상을 아낌없

8) 정지용, 〈시선후〉, 《문장》 제1권 제4호(1939년 5월), 152쪽.
9) 조지훈, 〈시작의 비밀〉, 《시의 원리》(산호장, 1953), 159쪽.

이 희생하기까지 하였으나 종시 그 뜻을 이루지 못하였던 것이다. 그러면 나는 용주사의 춤과 김은호의 그림을 연결시키고도 왜 시를 형성하지 못했던가? 이는 오직 춤을 세밀하게 묘사하면 혼의 흐름의 표현이 부족하고 혼의 흐름에 치중하면 춤의 묘사는 죽는, 말하자면 내용과 형식, 정신과 육체, 무도와 회화의 양면성을 초극하지 못하기 때문이다.[10]

지훈이 춤과 혼의 양면성을 극복하고 한 편의 작품을 만들기까지는 몇 달의 시간이 더 필요하였다. 그 계기가 된 것은 1939년 10월 '이왕직 아악부의 영산회상의 한 가닥'이었다고 지훈은 회고하였다. 이는 〈승무〉의 명구 '세사에 시달려도 번뇌는 별빛'이라는 구절과 관련이 있을 것으로 여겨지는데 영산회상의 깊은 울림을 주는 가락을 듣는 순간 춤의 궁극적인 지향점이 '세사의 번뇌를 별빛으로 승화시키는 것'이라는 영감이 지훈의 가슴을 스쳐갔을 것이다. 춤의 묘사와 혼의 흐름이 하나로 승화된 시를 쓴다는 것은 시력이 높은 대가의 경우에도 쉽지 않은 일이라고 할 수 있는데 시인을 지망하는 초보자가 이를 극복한 시를 쓴다는 것은 여간해서는 성취하기 어려운 일이었을 것임에 틀림없다.

영산회상은 궁중뿐 아니라 민간 상류층에서 풍류로서 연주되던 대표적인 정악곡이다. 이 곡의 본 가락인 상령산이 20박의 느린 한배로 장중하게 가다가 둘째 장 중령산에 가면 같은 박을 좀 몰아 관악기를 내세우고 세 번째 세령산에 이르면 반으로 자른 10박 한배의 가벼운 선율을 타다가 가락 덜이에서 가락을 조금 단출하게 던 채로 연주하고, 상현 도드리에 이르러 돌장 한 장단을 가락덜이 10박으로 연주하고 경쾌한 도드리장단으로 거칠 것이 없이 미끄러져 내려가다 하현도드리에 이르면 잠시 한배를 늦추고 가락 또한 상령산을 변주시켜 타다가 염불도드리에 넘어가면 급류로 쏠리듯 사정없이 볶고, 그 여덟 번째 악장 타령에서 느리면서도 건드렁내고 마지막 군악에서 쾌활하고 꿋꿋하게 음을 세워 연주하여 끝을 맺으니 아악곡의 최고봉이다.[11]

10) 조지훈, 〈시작의 비밀〉, 위의 책, 156~157쪽.
11) 김호성·이강조, 《한국의 전통 음악》(국악보급진흥회, 1985), 43쪽.

아악곡 최고봉이라고 하는 〈영산회상〉의 장중하고 느린 가락이 지훈의 〈승무〉의 배경에 깔려 있다는 사실은 시를 해석하는 중요한 단서가 된다. 유장하면서도 꿋꿋한 음율이 길게 전개되는 〈영산회상〉처럼 〈승무〉의 시적 과정은 세속의 번뇌가 극복하고 별빛으로 승화되는 심적 발전과정을 내포하고 있다는 점에서 주목할 필요가 있다. 기본적으로 유장하지만 때로는 급박하고도 빠른 〈영산회상〉의 가락이 청년 지훈의 심금을 울려 시적 영감의 실마리를 풀어나가는 계기를 만들어 주었다는 사실은 새삼 음미할 가치가 있다. 춤의 묘사와 혼의 흐름을 감지할 수 있는 계기가 영산회상의 깊은 울림을 주는 가락에서 포착되었다는 것은 이런 점에서 시인을 지망하던 지훈의 오랜 숙원을 한 단계 넘어서게 하는 단초가 되었을 것이다.

〈영산회상〉의 가락을 듣고 시적 전율을 느낀 지훈은 사흘 동안 밤낮을 가리지 않고 퇴고에 퇴고를 거듭하여 〈승무〉를 완성하였으니 그로서는 오랜 산고 끝에 이루어 낸 완성의 기쁨이 매우 컸을 것이다. 특히 그동안 제2의 추천 관문을 여러 달 동안 뚫지 못하고 있던 그로서는 전인미답의 길을 개척한 것과 같은 느낌을 가졌을 것이다.

지훈이 〈승무〉를 쓰는 동안 느꼈던 시적 고뇌를 서정시의 삼각형이라는 구도 속에서 도식화하면 다음과 같이 될 것이다.

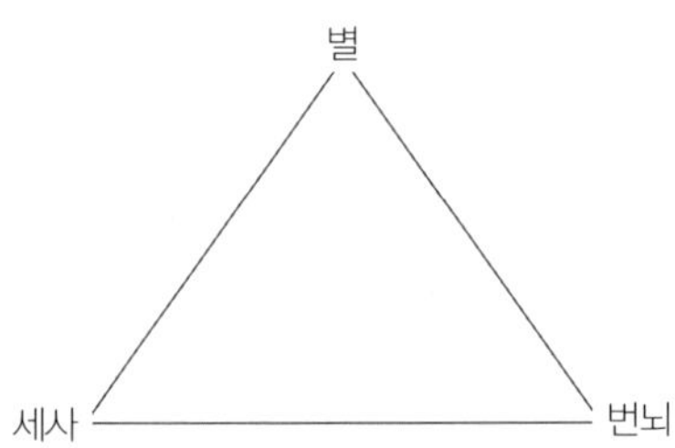

이 삼각형 구조는 시 속에서 나타나는 심리적 갈등을 말해준다. 승무를 추고 있는 시 속의 인식 대상의 주체는 세사에 시달린다. 화자는 이 삼각형의 구조 밖에서 이를 객관적으로 관찰하는 자이다. 물론 이 양자가 엄격하게 구분되는 것은 아니다. 화자의 고뇌와 춤추는 자의 고뇌가 전혀 다른 것이라고 말하기가 어렵기 때문이다. 어떻든 화자가 말하고 있는 춤추는 자는 그 자신의 번뇌로 인해 일어나는 심한 갈등에 시달리게 되고 그는 어떻게 하면 이를 극복할 수 있을 것인가 모색한다. 그를 이러한 번뇌로부터 해방시켜 주는 것은 초월적 세계를 나타내는 별빛이다. 이미 필자는 윤동주의 시 〈또 다른 고향〉에서 이 삼각 구도의 전형적 구도를 제시한 바 있다.[12] 갈등이 크면 클수록 시적 긴장감은 커질 것이며 시적 긴장이 약할수록 갈등의 진폭도 약할 것이며 시적 공감도 약해질 것이다. 특히 위의 시에 나타나는 삼각형의 구도를 보다 일반화시켜 보면 다음과 같다.

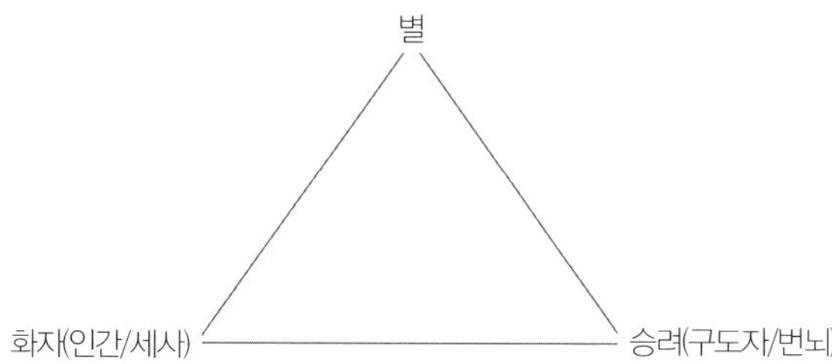

〈승무〉에서 화자와 구도자 사이에 개재된 갈등을 '별'이라고 표현하지 않고 '별빛'이라고 한 것은 육체를 지닌 인간의 번뇌를 표현하기 위해서일 것이다. 승무자의 볼에 흐른 복사빛 얼굴이야말로 청년 시인 지훈의 고뇌가 가미된 그리고 약관의 그가 지닌 육체적 갈등을 조명하는 독특한 시선일 것이다. 어둠의 세계에서 방황하는 속세의 중생들의 길을 밝혀주는 것은 삼경의 깊은 어둠을 지키며 적막한 무대에서 타오르는 황촉불이다. 황촉불이 인간의 고뇌를 상징하는 빛이라면 별빛은 그 고뇌를 극복하게 하는 동기를 불어넣는 불이다. 그것은 불이 아니라 빛으로 표현되어야 하며 젊은 구도자의 볼에 흐른 빛 또한 황촉불을 매개로 세속에서 별빛에 이르는 것이라고 할 수 있을 것이다.

시적 진로를 모색하는 고뇌의 과정은 지용의 지적대로 시에 '생활과 호흡과 연치'를 불어넣기 위한 시적 탐색이라고 할 수 있을 것이다. 특히 그가 고심한 것은 묘사에 있어서는 정지와 동작의 연속성이었으며 내용에 있어서는 단순한 미인도의 아름다움이 아니라 승화된 인간적 고뇌를 여기에 불어넣는가 하는 것이었다고 하겠다.

12) 최동호, 《한국현대시와 물의 상상력》(서정시학, 2010), 165쪽.

얇은 紗 하이얀 고깔은 고이 접어서 나빌네라.

파르라니 깎은 머리 薄紗 고깔에 감추오고
두 볼에 흐르는 빛이 정작으로 고아서 서러워라.

빈 臺에 黃燭불이 말없이 녹는 밤에
오동잎 잎새마다 달이 지는데

소매는 길어서 하늘은 넓고
돌아설 듯 날아가며 사뿐이 접어올린 외씨보선이여.

까만 눈동자 살포시 들어
먼 하늘 한 개 별빛에 모도우고

복사꽃 고운 뺨에 아롱질 듯 두 방울이야
세사에 시달려도 煩惱는 별빛이라

휘여져 감기우고 다시 접어 뻗는 손이
깊은 마음속 거룩한 合掌인냥 하고

이밤사 귀또리도 지새는 三更인데
얇은 紗 하이얀 고깔은 고이 접어서 나빌네라.[13]

8연 15행으로 이 작품이 탄생하기까지 지훈은 여러 차례 첨삭을 거듭하였는데 특히 8줄이나 되는 4연을 2행으로 집약시킨 것은 장삼의 미묘한 동작을 살리기 위해 선택한 결단이었을 것이다. 이 시를 2회 추천작으로 한 지용은 다음과 같은 〈선후기〉를 남겼다.

13) 조지훈, 〈승무〉, 《문장》 제1권 제11호(1939년 12월), 119쪽.

언어의 남용은 결국 시의 에스프리를 해소식히고 마는 것이겠는데 언어의 긴축 절제 여하로써 시인으로서 일가를 이루고 안이룬 것의 일단을 엿볼 수 있는 것인 줄로 압니다. 그러나 이런 詩作的 생장 과정은 年齒와 부단한 습작으로서 자연히 발전되는 것이요 一朝의 老成然으로 되는 것은 아닙니다. 언어의 多彩多角 미묘 곡절 이러한 것이야말로 청춘시인의 美質의 散火가 아닐 수 없읍니다. 청년 趙君은 시의 장식적인 일면에 향하여 얼마나 찬란한 打開를 감행한 것일지! 그러나 시의 美的勤勞는 구극에 생활과 정신에 傾倒할 것으로 압니다.[14]

지용의 〈선후기〉에서도 논점이 되는 것은 결국 '언어의 긴축 절제 여하'라고 하겠다. 이는 지훈 자신도 노심초사한 부분이기도 하다. 〈승무〉에서 포착되는 언어적 탁마를 지용은 '청춘시인의 미질(美質)의 산화(散火)가 아닐 수 없습니다'라고 하고 이어 '청년 조군(趙君)은 시의 장식적인 일면에 향하여 얼마나 찬란한 타개(打開)를 감행한 것일지!'라고 하여 높이 평가하였지만 단서 조항을 덧붙이는 것을 잊지 않았다. '그러나 시의 미적근로(美的勤勞)는 구극에 생활과 정신에 경도(傾倒)할 것으로 압니다.'라고 한 것이다. 이렇게 본다면 지용은 일단 지훈이 〈승무〉에서 보여주는 언어적 탐구에 찬사를 보내면서도 지나치게 화려한 언어의 남용이 에스프리를 약화시키는 것이 아닌가 하는 우려를 나타내고 있다고 여겨진다. 지용의 본심은 '시작적(詩作的) 생장 과정은 연치(年齒)와 부단한 습작으로서 자연히 발전되는 것이요 일조(一朝)의 노성연(老成然)으로 되는 것은 아닙니다'에 있었던 것이 아닌가 한다. 초회 추천에서 '당신의 시(詩)에서 앞으로 생활과 호흡과 연치와 생략'이 보고 싶다고 한 지적은 여전히 유효하지만 어떻든 '시의 장식적인 일면에 향하여 얼마나 찬란한 타개를 감행한 것'인지 잘 알기 때문에 추천했다는 뜻으로 해서된다.

이에 대해 지훈이 훗날 〈승무〉의 창작 과정을 서술한 글에서 다음과 같이 밝히고 있는 것으로 볼 때 내심 지용의 지적에 완전히 동의한 것 같지는 않다.

그 때 어떤 선배는 나의 시에서 언어의 생략을 충고하였으나 유장한 선을 표

14) 정지용, 〈시선후〉, 위의 책, 147쪽.

현함에 짧고 가벼운 언어만으로써 도저히 뜻할 수 없어 오히려 리듬을 위해서는 부질없는 듯한 말까지 넣지 않을 수 없었다. 자연한 해조를 이루는 빈틈없는 부연은 생략보다 어렵다는 것을 나는 여기서 절실히 느꼈다.[15]

이 글에서 말한 선배가 꼭 지용이라고 단정할 수는 없다. 그러나 전후한 문맥으로 볼 때 지용이 선후평에서 '언어의 긴축 절제 여하'를 지적했던 것을 돌이켜 보게 되는데 이에 대한 지훈의 솔직한 심경을 기술한 것이라고 하겠다. 지훈이 강조한 유장한 선의 표현은 확실히 재기발랄한 언어를 구사하던 지용과 지훈의 차이를 말해 주는 것이라고 하겠다.

4. 제3회 추천작 〈봉황수〉와 〈향문〉

조지훈의 마지막 추천작 〈봉황수〉는 1940년 2월호 《문장》에 발표되었다. 추천자 지용의 말처럼 괴팍한 시어머니의 엄정한 심사를 거쳐 최종 관문을 통과하였으니 작품의 완성도는 남다른 것이었다고 할 수 있을 것이다. 〈고풍의상〉이나 〈승무〉에서 지용이 부족하다고 지적하였던 생활과 연치의 문제도 극복한 작품이 〈봉황수〉였다고 할 것이다.

벌레먹은 두리기둥 빛 낡은 丹青 風磬 소리 날러간 추녀 끝에는 산새도 비둘기도 둥주리를 마구 쳤다. 큰나라 섬기든 거미줄 친 玉座 우엔 如意珠 희롱하는 雙龍 대신에 두 마리 봉황새를 틀어올렸다. 어느 땐들 봉황이 울었으랴만 푸르른 하늘 밑 甃石을 밟고 가는 나의 그림자. 佩玉 소리도 없었다. 品石 옆에서 正一品 從九品 어느 줄에도 나의 몸둘 곳은 바이없었다. 눈물이 속된 줄을 모를 양이면 봉황새야 九天에 呼哭하리라.[16]

실제로 《문장》지에 추천된 시는 〈봉황수〉와 〈향문〉 두 편이었다. 이 중에서 〈봉

15) 조지훈, 〈시의 비밀〉, 앞의 책, 160쪽.
16) 조지훈, 〈봉황수〉, 《문장》 제2권 제2호(1940년 2월), 156-157쪽.

황수〉에 주목하는 것은 먼저 수록되었던 것도 하나의 이유가 되겠지만 망국의 비분강개가 동시대인은 물론 후대의 사람들에게도 심금을 울리는 바가 있기 때문일 것이다. 〈향문〉이 깨진 질그릇에 대한 섬세한 관찰을 보여준다면 〈봉황수〉에는 식민지 시대 청년 문사의 고뇌와 울분이 격정적으로 표현돼 있다. 지용의 관점에서는 〈봉황수〉와 〈향문〉 두 편의 응모작을 보고 나서야 더 이상 미룰 것이 아니라고 판단하고 지훈의 추천을 완료할 할 수 있었을 것이나. 특히 시용의 마지막 추천의 말은 그동안 말을 아끼던 그로서는 아낌없는 찬사라고 하여도 과언이 아니다. 이는 그동안 지용으로서도 일 년 가까이 지훈의 시를 유심히 관찰하고 있었다는 뜻일 것이다. 과연 유장한 언어 감각을 지닌 미지의 신인 지망생이 이 관문을 무사히 통과할 것인가는 그에게도 관심사였을 것이다.

> 작년 삼월에 누구보다도 먼저 당선하야 금년 이월 이래 열한달 만에 괴팍스런 《문장》 추천制를 돌파하시는구료. 미안스러워 친히 만나면 사과할 각오가 있읍니다. 그러나 무릇 도의적인 것이나 예술적인 것이란 그것이 치열한 것이고 보면 불행한 기간이나 환경이란 것이 애초에 없는 것이외다. 잘 견디고 참으셨읍니다. 撰者의 못난 시어미 노릇으로 趙君을 더욱 빛나게 하였는가 하면 어쩐지 撰者도 한목 신이 납니다. 趙君의 회고적 에스프리는 애초에 名所古蹟에서 揑造한 것이 아닙니다. 차라리 고유한 푸른 하늘 바랑이나 고매한 磁器 살결에 무시로 去來하는 一抹雲瑕와 같이 자연과 인공의 극치일가 합니다. 가다가 명경지수에 細雨와 같이 뿌리며 나려앉는 悲哀에 artist趙芝薰은 한머리 白鷺처럼 도사립니다. 詩에서 겻과 쭉지를 고를 줄 아는 것도 天成의 기품이 아닐 수 없으니 詩壇에 하나 〈新古典〉을 소개하며……쁘라보우![17]

조지훈에 대한 지용의 마지막 〈선후기〉는 신인에게는 과분한 극찬이다. 마치 지훈에게서 〈봉황수〉와 같은 작품을 기대하고 있었다는 느낌이 들 정도이다. 지용은 지훈의 추천 응모작들을 예의 주시하고 있었음에 틀림없다. 왜냐하면 지용이 처음부터 지훈의 시재를 알아보고 지훈이 자신의 목소리를 찾아내기를 바라는

17) 정지용, 〈시선후〉, 《문장》 제2권 제2호(1940년 2월), 171쪽.

마음으로 최종 추천시를 기다리고 있었다고 생각된다. 선뜻 추천하지 않고 지훈의 응모작을 기다리고 있던 중에 지훈이 〈봉황수〉와 〈향문〉을 투고하자 신인에게는 과분하다고 할 만한 격찬을 보낸 것이 지용의 반응이었다. '시단(詩壇)에 하나 〈신고전(新古典)〉을 소개하며……쁘라보우!'라고 한 것은 신인에 대한 추천사치고는 예외적인 것이라고 하겠다. 지용은 지훈의 회고적 에스프리에 대해 '고유한 푸른 하늘 바랑이나 고매한 자기 살결에 무시로 거래하는 일말운하와 같이 자연과 인공의 극치일가 합니다'라고 말하고 있는데 아마도 이는 〈향문〉을 두고 말한 것이 아닌가 여겨진다. 바꾸어 말하면 〈향문〉을 그만큼 중시하였다는 뜻인데 이 작품과 함께 있을 때 〈봉황수〉도 빛나는 것이라고 보지 않았을까 한다.

성터 거닐다가 주서온 깨진 질그릇 하나
닦고 고이 닦아 열올은 두 볼에 대어보다

아무렇지도 않은곳에 무르녹은 옛향그리라
질항아리에 곱게그린 구름문의가
금시라도 하늘로 피어날듯 아른하다

눈감고 나래펴는 향그로운 마음에
머언그옛날 하라버지 힌수염이
아주까리 등불에 비최어 자애롭다

꽃밭에 놓고 이슬받아 책상에 올리면
그밤 내벼개머리에 옛날을 보리니
옛날을 봐도 내사 울지 않으련다.

—〈향문〉 전문[18]

〈향문〉은 〈봉황수〉에 비해 더 복고적인 시각을 보여준다. 동시에 형태적인 면

18) 조지훈, 〈향문〉, 《문장》 제2권 제2호(1940년 2월), 157-158쪽.

에서도 전통적인 음수율을 고수하고 있다. 그런 까닭에 시행의 운용이 규칙적이고 시적 정서를 펼치는 과정이 자연스럽다. 〈봉황수〉의 격한 어조가 어느 정도 안정을 취하고 있다는 점에서 지용은 신인 투고자로서 지훈의 기본적인 실력을 안심하고 인정했을 것이다. 〈향문〉에서 드러나는 자연스러운 생활 감정이 관념에 치달리기 쉬운 성향을 지닌 지훈의 시를 들뜨지 않게 만들 것이라고 지용은 보았을 것이다. 병승고직에서 닐조한 것이 아니라 '고매한 자기 살결에 무시로 거래하는 일말운하와 같이 자연과 인공의 극치일가 합니다'라는 지적은 이를 두고 한 말이라고 하겠다. 지용이 거듭 지적한 대로 〈향문〉은 지훈의 다른 추천시와 달리 '생활과 호흡과 연치'에서 우러나온 시라고 할 수 있다는 것이다. 〈고풍의상〉이나 〈승무〉와 비교할 때 더욱 그러할 것이다.

새롭기만 하거나 격정적이기만 한 시편은 언제나 불안정한 것이며 후속되는 시작의 지속도 보장하기 어렵다. 격정이 사라지거나 관심의 소재가 달라지면 전혀 다른 모습으로 변하기가 쉽기 때문이다. 평범한 소재이기는 하지만 〈향문〉이 보여주는 안정감은 선자인 지용에게 신뢰감을 주었을 것이라 판단된다.

〈봉황수〉에서 느낄 수 있는 파격적 특징은 표현 형태이다. 종전에 추천된 〈고풍의상〉이나 〈승무〉는 자유시 형식이었는데 〈봉황수〉에서 지훈이 택한 방법은 이와 다르게 산문 형태를 취하고 있다는 점에서 주목을 요한다. 단조로운 자유시 형태에서 느낄 수 있는 시적 절제력이 이지적인 통어에 의해 촉발되는 것이라면 〈봉황수〉와 같은 시는 형태는 줄글이지만 시적 감정이 무르녹아 내재율로써 외형에 통제되는 자유시를 뛰어넘는 시적 효과를 발휘하고 있다는 점에서 적절한 선택이라고 할 수 있을 것이다. 고전적 소재를 다루면서 오히려 당시로서는 새로운 시의 형태라고 할 수 있는 산문시 형태를 취했다는 것은 아마도 형태에 참신성을 불어넣기 위한 의도가 작용했을 것으로도 생각된다. 그리고 이는 첫 추천에서 배제된 〈화련기〉나 〈비련기〉 계통의 산문시적 형태가 〈고풍의상〉이나 〈승무〉를 거쳐〈봉황수〉를 통해 새롭게 변신한 것이라고 볼 수 있을 것이다. 산문적 형태의 〈봉황수〉가 지닌 '의도적인 3보격과 4보격의 사용'[19]을 지적한 것은 김용직이다. 그의 지적처럼 〈봉황수〉가 형태적으로는 자유시형으로 해체되어 있지만 산문적 형태에

19) 김용직, 〈전통미학의 세계—조지훈론〉, 《한국현대시사 2》(한국문연, 1996), 487쪽.

율문적 요소를 용해시킨 결과이다.

〈봉황수〉가 세인의 주목을 받게 되자 이에 대한 비난의 화살도 날아든다. 광복 직후 좌우의 대립이 극에 이른 상황에서 다음과 같은 인신공격성의 비판이 제기된 것은 차라리 다행한 일인지도 모른다.

> 이 파의 젊은 시인 조지훈씨는 역시 고궁을 건일면서 〈봉황수〉(아마 덕수궁 내의 중화전 천장에 새겨 있는 악작을 봉황으로 잘못 알았을것이다—필자)란 시 1편을 읊조리는데 〈정 一品 從九品 어느 줄에도 나의 몸둘 곳을 바이 없었다〉하고 라고 한탄했으며[20]

청량산인 즉 프로비평가 이원조가 〈봉황수〉에 대해 가한 이러한 비판은 유물사관에 입각한 민족 정통파에 대한 당파적인 비판이었을 것이다. 이원조는 이 글에서 유물사관의 시각에서 박종화, 김동리와 더불어 조지훈을 함께 비판하고 있는데 이 글에서 구체적으로 논의된 것은 두 가지이다. 하나는 사실의 문제이고 다른 하나는 시인의 내적 욕망에 대한 것이다. 덕수궁의 중화전에 그려진 것이 악작이냐 봉황이냐 하는 문제는 사실에 해당되는 것이라고 하겠는데 이에 대해 지훈은 다음과 같이 답했다.

> 덕수궁에서 임금이 조회(朝會)를 받던 곳은 중화전(中和殿)이나, 중화전 천장에 그려져 있는 것은 악작(鸑鷟)이라는 새가 아니라, 옥좌(玉座) 위에 금으로 새긴 쌍룡(雙龍)이 틀어 올려 있다. 중국의 속국이었던 시절의 옥좌의 하나인 창경궁 명정전(明政殿)에는 아직도 악작이 남아 있음에 비하여 소위 청(淸)에의 복속을 벗어난 대한제국 시종(始終)의 궁궐 중화전에는 쌍룡을 틀어 올렸다는 사실 앞의 아무 의의(疑義)도 가질 수 없는 것이어늘, 봉황새가 없는 중화전을 두고 두 마리 봉황새를 틀어 올렸다는 시가 지어졌으리라는 논단은 어디서 오는 것일까[21]

이와 같은 지훈의 답변은 사실의 지적이라기보다는 이원조의 고전에 대한 무지

20) 청량산인, 〈민족문화론〉, 《문학》 제7호(1948), 96쪽.
21) 조지훈, 〈봉황의 시름〉, 《시와 인생》(박영사, 1950), 188쪽.

를 고발한 수준에 해당된다. 〈봉황수〉를 쓴 시인이 벼슬욕을 가지고 있다고 지적한 것은 작품에 표현된 내용을 가지고 논한 것이 아니라 표현되지 않은 시인의 마음속에 내재된 욕망을 지칭하고 있다는 점에서 올바른 작품 비평이라고 할 수 없다. 이는 오히려 정치적 목적을 지닌 비평가로서 이원조 자신의 욕망을 표현한 것이라고 해도 과언이 아니다. 이에 대한 지훈의 응수는 의연하다.

> 시가 쓰여진 시대와 시인의 세계관 내지 인간성에 대한 천착이 없이 함부로 논단을 내린다면 민족의 슬픔이 하나의 건물에 호소되는 것, 봉건의 유물이 민족의식의 탐구에 상징되는 것을 관료(官僚)의 자리 없음을 한(恨)하는 속물로 보든 말든 나의 아랑곳은 아니다.[22]

지훈의 이러한 답변은 더불어 논할 필요가 없는 사람과는 자리를 함께하지 말라는 공자의 말을 연상시킨다. '시가 쓰여진 시대와 시인의 세계관 내지 인간성에 대한 천착'이라는 지훈의 말은 보편적 진리에 가까운 말이기도 하지만 어떤 점에서는 추상적으로 느껴지는 일면도 있을지 모르겠다. 그런 점에서 이후 지훈의 삶에서 이에 대한 답을 찾는다면 훨씬 구체적이고 실증적일 것이다. 광복 직후의 격한 소용돌이가 분단으로 치달리고 결국 6·25의 비극적 동족상잔의 시대가 지나간 다음 다가온 자유당 정권의 부정과 비리에 대해 지훈이 1960년 〈지조론〉에서 보여 준 단호한 비판 의지와 이후의 행동은 그가 결코 벼슬살이를 목표로 한 사환욕에 사로잡힌 시인이 아니었음을 입증하는 결정적 사례가 될 것이다.

여기서 우리는 〈봉황수〉에 대한 다음과 같은 후대의 평가에 겸허하게 귀 기울여 보아야 할 것이다.

> 당시의 상황에 대한 구체적인 실감을 갖지 못한 사람들이 일왕이나 [illegible] 사진을 실은 것을 두고 친일 운운하는 것은 몰라도 한참 모르는 저사이다. 우리는 〈봉황수〉 같은 서정시 쓰기 힘든 시대에 나온 격조 높은 서정시를 음미하면서 서정시의 의미를 다시 새기고 동시에 선인에 대한 응분의 경의를 표해야 할

22) 위의 책, 189쪽.

것이다.[23]

당대적 상황에 대한 고려 없이 지나간 시대를 일방적으로 폄하하는 것은 역사의 전개를 되돌려 정치적으로 비판하는 성급한 판단이다. 역사에 대한 이해의 깊이에 따라 발전의 동력을 가진다는 것은 지나간 시대의 역사가 입증하고 있다. 역사는 자신의 선입견만으로 판단할 수 있는 좁은 시야를 받아들이지 않는다는 사실은 분명한 일이라고 하지 않을 수 없다.

5. 마무리

조지훈의 신인 등단 과정은 그 자체가 후대의 한 전범이 될 만큼 고난의 과정이었다. 11개월에 이르는 전력투구의 과정은 물론이고 추천작 한 편을 쓰기 위해 공들인 노력의 과정 역시 쉽게 등단하고 쉽게 사라지는 오늘의 상황에서 돌이켜 보면 당시의 까다로운 등단 절차는 하나의 교훈적인 사례라고 할 것이다. 시인 지망생의 습작과정에서 공들인 노력은 말할 것도 없고 추천자로서 지용이 보여 준 선정과정에 대한 지도편달은 후대의 추천자들이 가져야 될 모범적인 태도일 것이다.

이 과정을 마친 지훈이 발표한 등단 소감은 다음과 같다.

> 본명은 조동탁 나이는 갓 스물 신유년 1월 11일붙어 경북영양군 주곡이 나의 고향이 되었습니다. 시를 쓴 것은 한해하고 다섯 달, 시를 씀으로 또 하나 나의 비극은 자라기 시작했습니다. 화려한 도피에서 명랑한 슬픔을 지니기에 나는 화려한 비애를 먹고 삽니다. (…) 시가 이렇드시 사상성을 지니기에 크나큰 난관이 있지만 고귀한 사상을 온전히 자기화하기 전엔 기운생동하는 시는 이루어지기 힘들 것입니다.[24]

23) 유종호, 〈생존의 치욕을 넘어서—21세기에 읽는 청록집〉, 《시와 말의 사회사》(서정시학, 2010), 210쪽.
24) 조지훈, 〈약력과 느낌 두 셋〉, 《문장》 제2권 제3호(1940년 3월), 157쪽.

사상성을 지니되 기운 생동하는 시를 쓰고자 하는 지훈의 소망은 〈승무〉를 쓰기 위해서 일 년 넘게 고통스러운 시 쓰기의 과정을 겪어야 했던 시절 그가 처절하게 극복해야 했던 것으로서 온전하게 자기화한 시를 써야 한다는 깨달음의 표현이기도 할 것이다. 시인 지망생들은 미처 그 자신의 개성을 잘 깨닫지 못할 수 있다. 이를 일깨우고 자신의 목소리가 담긴 시를 쓰도록 하는 것은 선배 시인들이 후배 시인들에게 보여주어야 할 문학사적 기여라고 할 것이다. 지용은 《문장》의 시 부문 추천위원으로서 조지훈을 비롯하여 박두진, 박목월 등을 문단에 등단시켜 광복 후 문학사에 '청록파'라는 유파를 형성하게 하였으니 그 문학사적 기여는 가히 기념비적이라고 하지 않을 수 없다.

지용과 지훈은 그 시적 개성이 다르다. 공통점이 있다면 고전적인 소재에서 현대시의 새로운 길을 모색했다는 점일 것이다. 그러나 재기발랄한 지용과 유장한 아악곡의 미학을 지닌 지훈은 스승과 제자로서 각기 그 남다른 개성을 발휘하였고 이를 통해 한국문학의 풍요로움에 크게 기여하였다.

지훈이 살았던 시대를 전체적으로 돌이켜 볼 때 광복 후 좌우의 소용돌이 속에서 광복 직후 민족시의 정도를 밝히고 1950년대 후반 독재정권의 부패와 지식인들의 변절에 대해 〈지조론〉으로 경세의 종을 울린 지훈이 확고한 태도를 일관되게 견지한 것은 어쩌면 시인으로서 그 자신의 품성을 각고의 노력을 다해 계발한 결과인지도 모른다. (《한국시학연구》 28집, 2010. 8.)

조지훈 시의 초기 판본에 대하여

1. 조지훈 시 연구의 출발점

다방면에 걸쳐 왕성한 활동을 펼치던 지훈(芝薰) 조동탁(趙東卓)은 1968년 5월 17일 홀연히 타계하였다. 그를 흠모하고 따르는 문인들과 제자들에게 그의 갑작스러운 부음은 커다란 충격으로 받아들여졌을 것이다. 정지용의 추천을 받아 문단에 등단한 그는 1946년에 간행한 박두진, 박목월과의 삼인 합동 시집 《청록집》으로 세인의 주목을 받았으며 1950년대에는 지조론을 비롯한 명론설로 일세를 풍미하였고 1960년대에는 한국학의 초석을 마련한 학자로서 명성을 얻었다. 서정시인으로 출발한 그의 역정은 그가 지닌 다양한 재능으로 인해 다면적인 모습으로 펼쳐지게 되는데 이는 한국의 전통적인 선비들이 지향하는 전인적인 특성을 그가 그대로 체현하여 보여주었기 때문이다. 지훈의 전인적 성격은 그가 흠모하던 한용운이나 황매천의 한국의 선비 전통을 그대로 이어받은 것으로서 지훈의 세대에서는 그가 이를 마지막으로 보여주었다는 점에서 특별한 것이라고 할 수 있다. 지훈의 특성을 김종길은 다음과 같이 지적하였다.

> 실로 지훈의 한 개인으로서 특질은 그가 서구적인 교양과 감수성을 겸한 동양 내지 한국의 '선비'의 전통을 이어받은 뛰어난 才質과 勇氣를 가진 사람이었다는 것으로 요약될 수 있다. 그가 詩人이며 學者며 志士였고 그것도 이 땅의 그의 世代의 한 개인으로서는 보기 드물 정도의 높이로 이 세 가지 資格을 한 몸에 지녔다는 사실과 그의 知性의 실천적이며 보편적인 성질 자체가 그것을 말하고 있었던 것이다. 그리고 그의 다면적인 특질과 능력이 특히 선비로서의 風格과 志操라는 정신적인 支柱를 중심으로 통합되어 있었다는 사실도 또한 그러하였다.[1]

지훈은 또한 그 자신의 글에서 한국인의 멋과 지식인의 지조를 강조하였는데 그는 이를 실천하였다는 점에서 한 시대의 사표가 될 만한 인물이었다고 하겠다. 이러한 이유 때문인지 지훈의 사후에 그의 전집이 두 번에 걸쳐 발간되었는데 이는 보통의 시인으로서는 드문 일이라 하지 않을 수 없다. 그의 전집은 일지사에서 일차 간행(1973)되었으며 이 판이 절판되자 나남출판사에서 이차 간행(1993)되었는데 이는 시인으로서 지훈만이 아니라 전인적 인간으로서 지훈의 면모가 크게 작용한 결과일 것이다. 지훈의 시비가 전국에 가장 많이 건립된 것도[2] 시인이자 인간 지훈의 품격이 작용한 결과일 것이다.

그런데 최근 지훈에 대한 자료를 검토하는 과정에서 확인된 것은 그의 작품에 대한 실증적 검토가 부족하다는 사실이다. 또한 그의 출생에 따른 정확한 연대에 대해서도 이설이 제기되고 있어 본 연구는 이 점과 관련하여 철저한 검증을 시도하였다. 일차적으로는 출생연도와 직장 이동 문제를 검토하고 다음으로 여러 판본이 공존하는 승무에 대한 비교 연구를 통해 대표적인 정전을 확정해 보려는 것

1) 김종길, 〈조지훈론〉, 《진실과 언어》(일지사, 1974), 151쪽.
2) 조지훈의 시비는 현재 동국대학교, 고려대학교, 고려대 병원, 경찰대학교 등에 건립되었으며 영양군 향리에는 60여 개의 시비가 조성되어 있다.

이 이 연구의 목표이다. 이를 위해 고려대학교 교무처에 보관된 조지훈의 친필이력서를 발굴하여 이 논문에 사용하였다는 것은 실증적인 자료 검증이라는 점에서 하나의 성과라고 하겠다.

2. 출생 기록과 직장 이동

조지훈 시인이 몇 년에 출생했는가 하는 문제는 아주 단순한 문제이지만 이상하게 뒤엉켜 혼란이 제기되고 있다. 아마도 이는 음력과 양력이 공존하는 시대에 이 양자가 엇갈린 결과 발생한 문제일 것이다. 특히 음력으로는 연말에 해당하고 양력으로는 연초에 출생한 조지훈의 경우 이런 혼란이 발생할 가능성이 높다. 우선 문단에 등단할 무렵 조지훈 자신의 술회를 들어 보자.

> 本名은 趙東卓 나이는 갓 스물 辛酉年 1월 11일 붙어 慶北英陽郡注谷이 나의 故鄕이 되었습니다. 시를 쓴 것은 한해하고 다섯 달.[3]

이 문면을 신뢰한다면 조지훈은 1921년 1월 11일 생이다. 신유년(辛酉年)이 1921년이기 때문이다. 그런데 다른 많은 기록에서는 조지훈이 1920년 12월 3일 출생으로 되어 있다.

> 芝薰은 1920년 12월 3일 세상에 났다. 본명은 동탁이었다. 그의 조부 인석은 천석군의 부호일뿐 아니라 시문에 뛰어났고 부친 헌영은 앞서 말했듯이 뒤에 제헌국회의원(拉北)이었으며 그의 형은 세상에 《세림시집》으로 알려진 요절시인 동진(21세에 夭折)이었으니 芝薰은 선비의 가풍에서 자란 시인이었다.[4]

당시로서는 최초로 문학사의 현장을 직접 답사하여 씌어진 《한국현대문학사

3) 조지훈, 〈약력과 느낌 두 셋〉, 《문장》(1942년 3월), 157쪽.
4) 김용성, 《한국현대문학사탐방》(국민서관, 1973), 396쪽.

탐방》에서 김용성은 위와 같이 지훈의 출생을 1920년이라 기술했다. 아마도 많은 사람들과 면담을 통해 이루어진 결과일 것이다. 이러한 기록은 권영민의《한국근대문인사전》(아세아문화사, 1990)[5]에도 그대로 나타나며 최근에 간행된《약전으로 읽는 문학사》 1[6]에서도 마찬가지이다. 그렇다면 왜 이와 같은 기록의 혼동이 발생하는 것일까. 조지훈의 생년이 음력으로 1920년 12월 3일이어서 이를 양력으로 환산하면 해가 달라지기 때문이다. 조지훈의 생년을 자세히 검토한 윤석성은 다음과 같이 말하고 있다.

> 지훈의 출생년월일을 족보나 호적초본, 혜화전문학교 학적부, 신구문화사판《조지훈 전집》에는 1920년 12월 3일로 기재하고 있다. 그러나 지훈이 1942년《문장》 3월호에 쓴 〈약력과 느낌 두셋〉에서는 "본명은 조동탁(趙東卓) 나이는 갓 스물 신유(辛酉) 1월 11일부터 경북 영양군 주곡리가 나의 고향이 되었습니다."라고 쓰고 있다. 또 그의 가족들도 지훈의 출생일을 1921년 1월 11일로 증언하고 있다. 신유년은 1921년이며 1942년에 나이를 '갓 스물'이라고 했으며 당시에 출생일을 음력으로 잡는 것이 관례였던 것을 감안하여 12월 3일을 양력으로 환산해 보면 다음해 1월 11일이 타당한 생년월일이 아닌가 한다.[7]

위의 인용에서 우선 지적할 것은 "신구문화사판《조지훈 전집》"이라는 표현은 잘못된 것이다.《조지훈 전집》은 1973년 최초로 일지사에서 간행되었다. 위의 글에서 필자가 한 주장대로 출생일을 음력으로 잡는 당시의 관례를 따른 기록이라면 출생연도에 대한 혼란은 어느 정도 이해할 수 있는 일이라고 하겠다. 그런데 아직도 남는 문제가 있다. 이는 지훈이 자신의 생년을 신유년이라고 말한 것이다. 문자 그대로 1921년 1월 11일이라고 했으면 아무 문제가 없을 것을 왜 굳이 신유

5) 권영민,《한국근대문인사전 1》(아세아문화사, 1990), 152쪽.

6) 근대문학 100년 연구총서 간행위원회 편,《약전으로 읽는 문학사 1》(소명출판사, 2008), 542쪽.

7) 윤석성,《조지훈》(건국대학교출판부, 1997), 11-12쪽. 필자 또한 조지훈 선생의 미망인 김난희 여사에게 2007년 4월 10일경 이 사실을 확인한 결과 1920년 12월 3일은 음력이라는 증언을 들었다.

년이라고 말한 것일까. 지훈의 의식 속에 음력에 대한 강한 자의식이 있었다는 것을 말해주는 것이 바로 이 신유년이라는 명칭이다.

왜냐하면 조지훈의 정확한 음력 생년은 양력 1920년 즉 경신년(庚申年)이기 때문이다. 양력으로 해가 바뀌어도 조지훈의 경우 음력은 아직 그대로 해가 바뀌지 않았기 때문이다. 쉽게 말해서 지훈은 닭띠가 아니라 원숭이 띠라는 것이다. 이는 한국인이라면 누구나 다 아는 간단한 이야기지만 간과할 수 없는 민속적 의미를 가지고 있다. 이렇게 본다면 조지훈의 생년은 양력으로 1921년 1월 11일 음력으로는 1920년 12월 3일 이라고 확정해야 한다. 그동안의 혼란을 바로 잡아야 한다는 것이다. 양력이 중심이 된 오늘의 시각에서 본다면 공식 문건에서는 1921년 1월 11일로 통일하고 집안에서 제사라든가 기타 민속적 행사에서는 음력 1920년 12월 3일을 존중해야 한다는 것이다.

고려대학교 교무처에서 보관되어 있는 자료를 보면(이 책의 '기초 자료 3. 친필 이력서' 참조) 조지훈 자신도 스스로 자신의 생년을 단기 4253년 12월 3일로 쓰고 있는데 이는 서력으로는 1920년이며 음력으로는 경신년 12월 3일을 뜻하는 것이라고 판단된다. 단기 사이에 약간의 낙서가 보이는데 이는 누구의 것인지 확정할 수는 없지만 단기를 서력으로 환산하는 과정에서 1920년을 표기하려 하였던 흔적이라고 말할 수 있을 것이다.

조지훈의 생애에서 중요한 전기가 되는 것이 그가 고려대학교 교수로 부임한 일이다. 당시의 상황으로 미루어 볼 때 문단과 학계에 그의 영향력이 크게 확대되었다고 볼 수 있기 때문이다. 그런데 언제 부임했느냐 하는 문제 또한 약간의 오해가 있다. 우선 지훈의 다음과 같은 회고를 들어 보겠다.

> 그러나 十年前 그때의 나의 나이는 스물여섯 살이었다는 事實을 念頭에 두지 않고서는 이 稚氣는 理解되지 않을 것이다. 이 무렵의 作品으로 〈山上의 노래〉란 解放記念詩를 爲始해서 〈十字架의 노래〉 〈불타는 밤거리에〉 等 數篇이 있으나 亦是 詩로서는 나의 마음에 대수롭지 않은 것이 事實이다. 나의 이러한 興奮은 政府가 서면서부터 갈아 앉기 시작하였다. 그리하여 나는 一九四八年 가을 다시 모든 일에서 손을 떼고 高麗 大學校의 講壇으로 옮겨 왔던 것이다.[8]

지훈은 이 글에서 광복 직후의 자신의 활동에 대해 말하고 본인이 고려대학교로 직장을 옮기게 된 것이 1948년이라고 회고하고 있다. 본인의 진술이므로 의심의 여지가 없는 일이라고 생각하기 쉽다.

그런데 이와 상반되는 다음과 같은 진술이 있어 그동안 이 문제에 대해 혼란이 있었다. 김종길의 다음 진술을 들어보겠다.

> 필자가 芝薰과 사귄 것은 해방 이듬해 봄부터 전후 20여 년간이지만 그는 나와는 同鄕人이요 世交의 집안 사이기도 하다. 게다가 필자가 高大 英文科 2학년생이었을 때 芝薰은 高大 國文科에 專任으로 초빙되어 왔고 그때 그를 초빙하러 가는 심부름도 우연히 필자가 맡게 되었다. 1947년 9월의 어느 볕바른 공일날이었던 것 같다. 故 具滋均 敎授의 분부로 城北洞 그 집으로 그를 찾아가 高大에서 그를 초빙한다는 말을 전했을 때 그는 거의 無表情에 가까운 얼굴로 學歷도 별로 없고 나이도 어리며 高大와는 아무 관계도 없는 자기를 專任으로 초빙하는 것을 뜻밖이라고 하면서 좀 생각해 본 다음 회답하겠다고 말했다. 그때 芝薰은 만 27세의 靑年詩人이었다.[9]

김종길은 만 27세의 혈기방장한 청년 시인 지훈을 고려대 교수로 초빙하는 일에 학교 측의 요청으로 심부름 간 사람이 자신이라고 말하면서 심부름 갔던 그날의 날씨까지 기억하고 있다. 고려대 측의 초빙 제안은 지훈으로서는 뜻밖의 일로 여겨진 탓인지 지훈이 무표정한 얼굴로 이 제안을 들었다는 것도 아주 사실적이라 느껴진다. 김종길의 이 글은 지훈의 작고한 직후 집필된 글로서 위에 인용된 지훈의 회고보다는 10여 년 후에 기술된 것이다. 사실 여부를 판단하는 데 있어 일단 지훈의 회고가 더 신빙성 있어 보여 이에 대한 논란이 있어 왔다.

현재로서 그 이유를 잘 알 수 없지만 지훈의 회고를 통해 미루어 짐작한다면 1948년이 대한민국 정부 수립과 관련이 있어 자신이 광복 직후의 혼란을 정리하고 대학으로 직장을 옮긴 시기와 이를 동일시했기 때문인지 모른다. 1947년의 경우 정부가 수립되기 직전이라 좌우의 대립이 극에 달한 혼란기였다는 점을 고려

8) 조지훈,〈나의 역정—시주반생자서(詩酒半生自敍)〉,《고대문학》제1집(1955년 12월), 112쪽
9) 김종길,《진실과 언어》(일지사, 1974), 140쪽.

할 필요가 있다. 그런데 최근 필자가 고려대학교 교무처에서 보관하고 있는 자료를 보고 확인한 바에 따르면 그간에 제기되었던 1948년 설은 일단 지훈의 착오라고 하겠는데 그 증거를 예시하면 다음과 같다. 아래의 자료에서 확인할 수 있는 또 하나의 사실은 지훈이 6·25가 발발한 직후 문총구국대기획위원장을 했으며 휴전이 성립된 후인 1954년 11월에 조지훈은 고려대학교 부교수로 승진하였음을 알 수 있다는 것이다.

위의 자료가 지훈 자신의 친필로 작성된 것이라는 점을 염두에 둘 때 왜 직장 부임연도에 착오가 생겼는지 알 수 있는 근거를 확인할 수는 없다. 어떻든 지훈의 고대 부임연도가 1947년이냐 1948년이냐 하는 문제는 여기서 일단락된 것이라고 보아야 할 것이다. 청년 시인 지훈이 고려대에 부임하여 그 후 20여 년 동안 교수로 시인으로 학자로서 펼친 눈부신 활동은 여기서 굳이 말할 필요가 없을 것이다.

3. 〈승무〉의 여러 판본에 대한 비교 검토

조지훈의 초기 대표작 〈승무〉는 다음 여섯 가지 판본이 중요한 비교 논의의 대상이 될 것이다. ① 《문장》(1939), ② 《청록집》(1946), ③ 《풀잎 단장》(1952), ④ 《조지훈 시선》(1956), ⑤ 《조지훈전집》(일지사, 1973), ⑥ 《조지훈 전집》(나남, 1996) 등이다. 이 여섯 가지 판본을 비교 검토해 보면 대체로 두 가지 계열로 분류되는데 하나는 문장판 계열이고 다른 하나는 청록집 계열이라고 할 수 있다.

이를 다시 분류해 보면 하나는 문장판→《조지훈 시선》→나남판 전집으로 이어지며 다른 하나는 《청록집》→《풀잎 단장》→일지사판 전집으로 이어진다. 이는 다른 판본이 출판될 때마다 편집자들의 시각에 따라 그들이 어떤 것을 선택했느냐 하는 것을 알려주는 사례라고 할 것이다. 특히 주목되는 것은 《청록집》 계열이 중요한 위치를 차지하게 된 것이다. 아마도 《청록집》이 문단의 주목의 대상이 되었고 초기 지훈의 시적 명성도 여기서 비롯되었기 때문에 이를 높이 평가한 결과가 아닌가 한다.[10] 결과적으로 여러 판본이 간행되었다고 하더라도 문장판과 청록

10) 최동호, 《현대시사의 감각》(고려대출판부, 2004), 54쪽.

집판을 비교 검토하면 〈승무〉의 판본에 대한 연구는 어느 정도 윤곽을 잡을 수 있을 것으로 여겨진다. 우선 《문장》 1939년 12월호에 게재된 〈승무〉를 인용해 보기로 하겠다.

얇은紗 하이얀 고깔은 고이접어서 나빌레라

파르란이 깎은머리 薄紗고깔에 감추오고
두볼에 흐르는빛이 정작으로 고와서 서러워라.

빈臺에 黃燭불이 말없이 녹는밤에
오동닢 닢새마다 달이지는데

소매는 길어서 하늘은 넓고
돌아설듯 날아가며 사뿐이 접어올린 외씨보선이여!

깜안 눈동자 살포시 들어
먼하늘 한개별빛에 모도우고

복사꽃 고운뺨에 아롱질듯 두방울이야
世事에 시달려도 煩惱는 별빛이라

휘여져 감기우고 다시접어 뻗는손이
깊은마음속 거룩한 合掌이냥하고

이밤사 귀또리도 지새는 三更인데
얇은紗 하이얀 고깔은 고이 접어서 나빌레라.[11]

11) 조지훈, 〈승무〉, 《문장》(1939년 12월), 119-120쪽.

모두 8연 15행의 시이다. 각 연은 제1연을 제외하고는 모두 2행 1연 형식을 취하고 있어서 우선 형태적으로 안정되어 보인다. 전체적인 균형감각으로 보아 아마도 처음에는 제1연 또한 2행 형태로 작성되어 모두 16행이었을 가능성이 있는데 이는 첨삭 과정에서 삭제되었을 것이라 짐작된다. 제1연과 2연 사이의 여백을 활용하는 효과도 고려하였을 것이며 시의 서두에서 참신성을 보여주기 위해 그렇게 하였을 가능성도 있다. 이와 같이 첫 부분을 시작하는 예는 초회 추천작인 〈고풍의상〉에서도 볼 수 있다. '하늘로 날을 듯이 길게 뽑은 부연한 풍경이 운다'와 같은 〈고풍의상〉의 첫 시행은 〈승무〉의 그것처럼 단호하고 날렵하다. 시어에 대해서는 다음에 검토하기로 하고 우선 형태적인 비교를 위해 청록집판을 인용해 보기로 하겠다.

얇은 紗 하이얀 고깔은
고이 접어서 나빌네라.

파르라니 깎은 머리
薄紗 고깔에 감추오고

두볼에 흐르는 빛이
정작으로 고아서 서러워라.

빈 臺에 黃燭불이 말없이 녹는 밤에
오동잎 잎새마다 달이 지는데

소매는 길어서 하늘은 넓고
돌아설듯 날아가며 사뿐이 접어 올린 외씨보선이여.
까만 눈동자 살포시 들어
먼 하늘 한개 별빛에 모도우고

복사꽃 고운 뺨에 아롱질듯 두방울이야

세사에 시달려도 煩惱는 별빛이라

휘여져 감기우고 다시 접어 뻗는 손이
깊은 마음속 거룩한 合掌이냥하고

이밤사 귀또리도 지새는 三更인데
얇은 紗 하이얀 고깔은 고이 접어서 나빌네라.[12]

위에 인용한 청록집판에서 가장 두드러지는 것은 이 시가 문장판과는 달리 9연 18행으로 이루어져 있다는 점이다. 각 연이 균등하게 2행 1연으로 구성된 것 또한 눈여겨볼 만한 차이이다. 특히 달라진 부분은 제1-2연이다. 문장판에서는 제1연이 1행으로 되어 있는데 청록집판에서는 이를 분절하여 2행 1연으로 하였다. 이러한 분절의 규칙성을 살리기 위해 다음 제2연을 다시 이와 유사하게 문장판의 제2연을 둘로 나누고 독립된 연으로 하였으며 이를 다시 분절시켜 2행 1연 형태를 취하게 만들었을 것이다. 이는 모두 제1연이 시의 서두로서는 너무 길고 무겁다는 판단이 작용하였을 것으로 여겨진다. 또한 2행 1연 형태가 주는 형태적 안정감도 부여하기 위해서 취해진 조치일 것이다. 이는 지훈의 사부라고 할 수 있는 정지용이 애용한 시적 형태이며 아마도 그의 문학적 제자인 지훈이 이를 모방한 결과이기도 할 것이다. 또한 이는 그의 동료 박목월이 즐겨 차용한 형태이기도 하다. 어떻든 문장판과 비교할 때 청록집판의 〈승무〉는 형태적으로 보아 크게 달라진 것이며 시적 효과도 다르게 나타난다고 해도 과언이 아니다. 장중함보다는 경쾌함을 취한 결과일 것이다.

이와 같은 형태적 첨삭은 《청록집》에 수록된 다른 시편들에도 나타나는데 이는 우연적인 첨삭이 아니라 의도적인 것이며 지훈 자신의 동의하에 이루어진 것이라 하겠다. 이와 더불어 이러한 첨삭에는 당시 을유문화사 편집부에 근무하던 박두진의 권유도 있었을 것으로 짐작된다. 그러나 형태적인 면을 고려할 때 문장판에서 보여주던 전체적인 균형 감각이 결과적으로 청록집판에서는 상실되었다. 이

12) 조지훈 외, 《청록집》(을유문화사, 1946), 66-68쪽.

시가 처음과 끝에는 동일한 시행이 반복되는 수미쌍관의 방식임은 이미 알려진 일이거니와 제1연을 2행으로 분절함으로 인해 이 전체적인 균형이 깨졌다는 것이 필자의 판단이다. 수미쌍관의 이 시를 중심에서 잡아주고 있는 것은 '돌아설 듯 날아가며 사뿐이 접어 올린 외씨보선이여.'에 있다고 하겠는데 이는 '정중동(靜中動)'을 표현하기 위해 지훈이 가장 고심한 부분이며 '얇은사(紗) 하이얀 고깔은 고이접어서 나빌레라'라는 절묘한 표현이 양 날개가 되어 이 시의 시상을 펼쳐주는 형국으로 이 시가 구성되었다는 점을 고려할 때 청록집판에서 가해진 제1–3연의 연의 구분과 시행의 분절은 적절하지 못하다는 것이다.

《청록집》에 대한 문단 내외의 고평으로 인해 지훈은 시단의 중심으로 나아갈 수 있었다는 것은 의심의 여지가 없는 사실일 것이다. 그러나 첫 개인 창작시집 《풀잎 단장》(1952)을 간행할 때 지훈은 다시 시의 형태를 청록집판을 취하는 것이 아니라 문장판으로 되돌리고 있음을 볼 수 있다. 아마도 청록집판에서 채택한 〈승무〉의 형태가 그 자신의 시상에 맞지 않는다는 것을 깨달았기 때문일 것이다. 그것이 아니라면 청록집의 시적 형태를 결정할 때 그의 의지가 적극적으로 개입되지 않았을 가능성도 있다. 왜냐하면 뒤이어 간행한 《조지훈 시선》(1956)에서도 지훈은 문장판을 기본 형태로 취하고 있기 때문이다. 지훈은 《조지훈 시선》 〈후기〉에서 다음과 같이 적고 있다.

> 이번에 詩友들의 勸告로 拙한 시들을 自選하면서 느낀 것은 쓰는대로 詩集을 내어버리지 않은 것이 나를 難境에 빠뜨렸다는 생각이다. 20年 세월을 詩를 써 오는 동안 나의 作品 世界는 그 變移가 매우 甚해서 到底히 한 권의 詩集 속에는 같이 앉힐 수 없는 것이었기 때문이다. (…)
>
> 끝으로 이 시집을 위하여 어지러운 草稿를 自進해서 읽어 주었을 뿐만 아니라 知己로서 忠告를 베풀어준 畏友 徐廷柱兄의 勞苦를 감사하며 우리 오랜 友誼를 다시 깨닫거니와 이렇게 하잘것없는 詩를 모으게 된 것이라든지 이렇게 긴 後記까지 쓰게 된 것은 모두 崔暎海兄의 따뜻한 勸告의 좇음임을 아울러 밝혀서 나의 감사를 삼는 한편 나로 하여금 俗累의 譏弄 하나를 더 마련하게 한 친구들의 好意를 웃으면서 붓을 놓는다.[13]

13) 조지훈, 〈조지훈 시선 후기〉, 《조지훈 시선》(정음사, 1956), 182쪽.

위의 글에서 확인할 수 있는 것은 이 시집을 자신이 직접 자선했다는 것이며 이 과정에서 서정주 시인이 자진해서 읽고 충고를 아끼지 않았다는 것이다. 이 후기로 미루어 볼 때 지훈은 매우 겸손하게 자신의 시에 대해 말하고 있기는 하지만 사실은 완벽을 기하기 위해 상당한 노력을 기울였다는 것을 알 수 있다. 당시까지 자신의 시를 총정리한다는 자각으로 인해 완결된 정본을 위해 최선을 다했을 것으로 여겨진다. 그런 의미에서 그는 〈승무〉의 시적 형태에 대해 당연히 관심을 가졌을 것이며《청록집》형태가 아니라 문장판을 원형으로 삼고 당시 통용되던 맞춤법 등 철자법을 정확하게 밝혀 가장 현대적 모습으로 거의 완결에 가까운 정본〈승무〉를 만들었다고 해도 과언이 아니다.

그렇다면 왜 후대에《청록집》형태의 〈승무〉가 유포되었는가 생각해 본다면 이는 지훈의 사후 1973년에 간행된 일지사판《조지훈 전집》에서 편집자들이《청록집》형태의 〈승무〉를 수록하였기 때문일 것이다. 아마도 이는《청록집》또한 지훈 선생이 생존 시에 간행된 것이며 세간에 고평을 받은 바 있어 이를 존중하고자 하였기 때문일 것이다.

〈승무〉의 변이 과정에서 지훈이 가장 고심했던 시어 중의 하나는 마지막 8연 14행 '이밤사 귀또리도 지새는 삼경(三更)인데'에서 '지새는'이라고 할 수 있다. 그 과정을 간략히 도시하면 다음과 같다.

(1)지새는 (2)지새는 (3)울어새는 (4)지새우는 (5)지새는 (6)지새우는

여기서 우선 문제가 되는 것은 우선 (3)에서 '울어새는'이라는 시어이다. 첫 개인시집《풀잎 단장》에서 '지새는'을 '울어새는'으로 수정했다. 그 이유는 아무래도 '지새는'으로는 귀또리의 울음소리가 실감이 나지 않는다고 판단하였을 것이기 때문이다. 그러나 이 시어의 선택은 너무 직접적이어서 〈승무〉의 유장한 분위기를 잘 나타내 주지 못한다고 하겠다. 이를 다시 (4)에서 '지새우는'으로 수정하였는데 (5)에서는 '지새는'으로 수정하였다가 다시 (6)에서는 '지새우는'으로 표기하고 있다. 어학적으로 보아 '지새는'은 자동사이고 '지새우는'은 타동사이다.[14] 이 시행

14) 고려대 민족문화연구원 편,《고려대한국어대사전》(고려대 민족문화연구원, 2009), 5834쪽

의 문맥에서 보자면 '귀또리'가 주체가 되기 때문에 타동사를 사용해야 하고 문장판에 처음 사용한 '지새는'은 어법적으로 문제의 소지가 있다. 이를 (4)《조지훈 시선》에서 '지새우는'으로 바로잡았다는 것은 적절한 수정이라고 하겠다. 이런 점에서 보더라도 정본으로서《조지훈 시선》의 가치는 더욱 높아진다. 한 가지 예를 더 든다면 제 7연 13행의 '깊은 마음속 거룩한 합장(合掌)이냥하고'에서 '합장(合掌)이냥'이다. 그 변이 과정을 도시하면 다음과 같다.

(1)合掌이냥 (2)合掌이냥 (3)合掌이냥 (4)合掌인양 (5)合掌이냥 (6)合掌인양

처음 (1) 문장판에 보이는 '합장(合掌)이냥'이 그대로 사용되다가 (4)《조지훈 시선》판에 이르러 '합장(合掌)인양'으로 수정되는데 이는 발음대로 표기하는 표음원칙을 따른 것이다. 그것이 (4)에 이르러서야 실현되었다는 점에서 (4)의 판본으로서 가치가 인정된다는 것이다. 지훈의 사후에 간행된 (5)는 (2)를 따르고 (6)은 (4)를 따른 것이기 때문에 (4)가 지닌 의미는 중요하다고 하겠다. 이는 최초로 (1)에서 사용한 시어의 어법적 문제를 시정했다는 점에서 눈여겨보아야 할 부분이다.

〈승무〉가 수록된 예로는 이외에도 산호장판《시의 원리》(1953)와 신구문화사판《시의 원리》(1959) 등이 있는데 이 두 개의 판본은 일차적으로 시집에 수록된 것이 아니며 앞의 여섯 판본의 비교 검토를 통해 어느 정도 판본을 확정할 수 있다는 점에서 집중적으로 다루지 않아도 될 것이라고 생각한다.

4. 문학 연구의 기초적 사실들의 중요성

문학 연구가 궁극적으로 작품의 정치한 해석을 목표로 하는 것은 필연적인 일이다. 그런데 그 목표에 도달하기 위해서는 문학 연구의 전제가 되는 기초적인 사실들을 철저하게 확인하는 작업이 전제되어야 한다. 이는 고전문학 연구는 물론 현대시 연구에서도 필수적이다. 고전문학에 비해 비교적 근거리에 이루어진 현대시

참조.

부분이라고 하더라도 예외는 아니다.

그런데 한국 현대시 연구에 있어서 이런 기초적인 사실들이 자주 간과되기도 한다는 것은 튼튼한 학문적 토대를 마련하기 위해서는 불행한 일이라고 하지 않을 수 없다. 근거리에 이루어진 문학 연구일수록 자료 접근에 있어 유리한 조건임에도 불구하고 이를 소홀히 한다는 것은 앞으로 지양해야 할 일이라고 생각한다.

이 연구에서 필사는 조지훈 시인에 대해 두 가지 실증적인 작업을 검증하고자 했다. 하나는 그의 생애에서 가장 기초적인 사실들인 출생연도와 직장 이동 연도에 대한 구체적인 자료를 정리이며 다른 하나는 그동안 두 가지 계열의 판본이 공존해 왔던 지훈의 초기 대표작 〈승무〉의 판본에 대한 검토이다.

우선 처음 논의는 조지훈이 음력으로는 1920년 12월 3일 경신년생이며 양력으로는 1921년 1월 11일생임을 밝혀 낸 것이다. 이를 통해 그동안 있어 왔던 출생 연월일에 대한 논란이 종료될 것으로 기대한다. 다음 논의는 〈승무〉의 판본 문제이다. 〈승무〉는 그동안 출간되는 판의 편집자들의 판단에 따라 여러 가지로 다른 형태를 보여주고 있는데 이는 크게 두 가지 계열로 정리된다. 하나는 문장판 계열이며 다른 하나는 청록집 계열의 판본이다. 조지훈 자신의 창작 의도나 첨삭 과정으로 보아 문장판을 원형으로 보고 《조지훈 시선》(1956)에 이르러 현대적으로 완전한 형태에 가까운 정본이 이루어졌다는 것이 필자의 시각이다. 이 과정을 구체적이고 사실적인 검증을 통해 입증한 것이 이번 연구의 성과라고 할 수 있을 것이다.

이러한 작업은 사실의 단순한 확인에 불과하지만 구체적으로 확증하기는 쉽지 않은 일이었다고 하겠다. 그럼에도 문학 연구의 궁극적인 목표라고 할 수 있는 정치한 작품 해석에 이르기 위해서도 반드시 필요한 일이라고 하지 않을 수 없다. 어쩌면 이러한 작업은 지루하고 성과 없는 일이라고 여겨질지도 모르지만 누구나 관통해 나가야 할 관문이라고 할 것이다. 이제 한국 문학에 대한 연구에 있어서도 우리의 눈을 밖으로만 향할 것이 아니라 사실이나 작품 자체를 지향해야 할 시기에 도달한 것이 아닐까.

외국문학에서 풍부한 자양을 섭취하고 우리 문학 내부의 정밀한 자료 조사와 정치한 작품 해석을 시도하는 것이야말로 우리 문학을 세계 수준에 도달하게 하는 원동력을 만들어 줄 것이라고 기대한다. 서구의 거대 담론이 무너진 상황에서 언제까지 그들의 문학 이론을 추종할 것인가에 대한 반성이 있어야 한다. 물론 우리 문학 연구가 폐쇄적인 자기 탐닉으로 나가야 한다고 말하는 것은 아니다. 차라리 그것은 우리 문학 연구가 좀 더 사실과 작품에 굳건하게 뿌리내리기를 소망하는 바람에서 비롯된 것이라고 말하는 것이 옳을 것이다.(2008)

조지훈의 〈승무〉와 〈범종〉

1. 서설

조지훈(1921-1968)은 1940년 정지용의 추천으로 시단에 등단한 이후 8·15해방, 6·25동란, 그리고 4·19혁명 등 격동의 시대를 살면서 박두진·박목월과 같이 《청록집》(1946)을 출간했으며, 《풀잎 단장》(1962), 《역사 앞에서》(1959), 《여운》(1964) 등의 시집과 시론집 《시의 원리》(1953), 수상집 《시조론》(1962) 그리고 《한국문화사서설》(1964) 등의 학술적 논문을 간행한 다면적 인간이었다. 시인이요 논객인 동시에 학자이기도 했던 그의 활동에서 우리는 전인적 인간의 한 모습을 보거니와 그것은 지훈 스스로가 숭앙해 마지않았던 황매천이나 한용운과 같은 선인들이 지닌 지사적이며 선비적 전통의 한 맥을 되새기게 만든다.

물론 여기서 지훈에 대하여 논하는 것은 이 다면적 측면이 아니라 그가 당대의 뛰어난 시인이었다는 점이며, 그런 까닭에 그의 시가 지닌 의의나 특색이 무엇인가를 살피는 것이 이 글의 주된 목적이다. 조지훈의 시에 대해서 많은 논급이 있었지만, 김동리의 다음 지적은 매우 결정적이었던 것 같다.

> 趙芝薰의 詩世界에는 民族的인 것과 禪的인 것의 이 두 가지 傾向이 흐르고 있다. 前者는, 解放前에는 〈鳳凰怒〉, 〈古風衣裳〉, 〈僧舞〉 등에서와 같이 懷古趣를 띠고 나타났고, 해방 후에는 다소 정치적 색채를 띠고 나타났다. 그리고 詩자체의 가치로서는 이 〈정치성〉의 것이 가장 낮고 그 다음이 懷古物, 가장 우수 한 것이 禪的인 것들이다.[1]

조지훈 시의 본령이 선감각(禪感覺)에 의한 자연 탐구에 있다는 김동리의 지적은 이후의 많은 논자들에게 암암리에 묵인되어 왔다. 따라서 조지훈의 시는 후기보다는 초기의 시에 의의가 있다는 것이 여러 논자들의 공통된 견해였다고 생각된다.

그러나 초기시와 후기 시를 대략적인 비교를 통해서 위와 같이 단정할 논리적 절대성은 없다고 생각된다. 이 글에서는 초기 추천작으로서 지훈의 시적 성과를 확립시킨 〈승무〉와 후기 시를 대변한다고 평가되는 〈범종〉을 집중적으로 분석하여 지훈 시가 나아간 길은 무엇이며, 그 시적 성취가 무엇인가를 밝혀보고자 한다.

〈승무〉는 1939년 《문장》에 발표된 조지훈의 두 번째 등단 추천 작품이다. 조지훈 자신의 표현을 빌리면, '나의 시세계(詩世界)의 처녀지(處女地)를 개척하려고' 한 야심적인 작품이다. 구상한 지 10달, 집필한 지 7달 만에 완성된 이 시는 당시의 추천자 정지용에게는 높이 평가받은 것 같지는 않지만, 등단 이후 지훈 시의 고전적 개성을 대표하는 작품으로 널리 알려졌으며, 많은 사람들에게 애송되어 왔다. 〈범종〉은 지훈의 마지막 시집 《여운》(1964)에 수록된 것으로서 후기 시에 해당되는 것인데, 이 시가 지훈 시의 정수이며 한국시의 높은 달성 중

1) 김동리, 〈자연의 발견〉, 《문학과 인간》(1952), 69쪽.

의 하나라는 김윤식의 견해[2]는 흥미롭다. 또한 시종 신랄한 태도로 지훈 시를 비판한 송재영도 지훈의 여러 시 중에서 〈범종〉을 높이 평가하였음은[3] 주목을 요하는 일이다. 김윤식이나 송재영 모두 지훈 시가 지닌 한계를 비판하였는데, 그들이 함께 〈범종〉을 높이 평가했다는 사실은 주목된다. 이는 그들이 종전의 논자들이 파악하지 못한 시각을 새로이 열어 보였다고 할 수도 있겠으나, 처음부터 가정된 부정적 논지의 일관성을 예증하고자 이 시가 인용되었다는 점 또한 우리는 간과할 수는 없다.

2. 〈승무〉, 고뇌와 초극의 세계

지훈의 초기 시에서 대표적인 작품이라고 할 수 있는 〈승무〉에 대한 분석을 시도하는 데 있어 이 글에서 필자는 다음 세 가지 측면에서 접근하도록 하겠다.[4]

첫째, 시의 구성, 둘째, 시적 언어와 율격, 셋째, 시의 주제와 미학 등으로 나누어 다각적으로 살펴보기로 하겠다.

> 얇은 紗 하이얀 고깔은
> 고이 접어서 나빌레라.
>
> 파르라니 깍은 머리
> 薄紗고깔에 감추오고

2) 김윤식, 〈심정(心情)의 폐쇄(閉鎖)와 빈산(嬪散)의 파선(破旋)〉, 《한국현대작가논단》(일지사, 1974); 김종균 외, 《조지훈연구》(고려대출판부, 1978), 148쪽.

3) 송재용, 〈조지훈론〉, 《조지훈연구》, 153-172쪽.

4) 〈승무〉에 대한 기존 해석으로는 다음 문헌들을 참고할 것. 정한기, 〈초기작품의 시세계〉, 《조지훈연구》(고려대출판부, 1978), 21-22쪽; 서순섭, 〈불교적 소재의 시적 변용과 그 의미〉, 정한모·김재홍 편, 《한국대표시평설》(문학세계사, 1983), 252-258쪽, 김명인, 〈조지훈의 초기시考〉, 《경기어문학》 7호(1986), 216-219쪽; 김재홍, 〈지훈조동탁〉, 《한국현대시인연구》(일지사, 1986), 442-445쪽.

두볼에 흐르는 빛이
정작으로 고아서 서러워라.

빈 臺에 黃爆불이 말없이 녹는 밤에
오동잎 잎새마다 달이 지는데

소매는 길어서 하늘은 넓고
돌아설듯 날아가며 사뿐히 접어 올린 외씨보선이여.

까만 눈동자 살포시 들어
먼 하늘 한개 별빛에 모두오고

복사꽃 고운 뺨에 아롱질듯 두방울이야
세사에 시달려도 煩惱는 별빛이라

휘어져 감기우고 다시 접어 뻗은 손이
깊은 마음속 거룩한 合掌이냥하고

이밤사 귀또리도 지새는 三更인데
얇은 紗하이얀 고깔은 고이 접어서 나빌레라.

—〈승무〉 전문

《청록집》(1946)에 수록된 〈승무〉[5]는 모두 9연 18행으로 짜여져 있다. 이 시의 특색으로 우선 눈에 두드러지는 것은 각 연이 2행 형식이며, 전개방식이 기승전결의 한시 형식을 취하고 있다는 점이다. 전개 방식의 측면에서 본다면 이 시는 각각 1·2·3연/4·5연/6·7연/8·9연 등으로 나누어 볼 수 있다. 처음 고깔과 고깔 속의

5) 1939년 12월 《문장》의 발표작과 《청록집》 수록 시와의 차이점은 박호영, 〈조지훈문학연구〉(서울대학교 박사학위논문, 1988), 78쪽 참조.

얼굴 묘사로 시작되어 다음으로 배경과 춤 동작의 찰나 포착, 그 다음 형이상학적 내면세계에 초점을 맞추었으며 마지막, 시간의 경과 속에서 지속되는 춤 등이 그것이다.

특히 이 시인의 고심은 제10행 '돌아설듯 날아가며 사뿐히 접어올린 외씨 보선이여'와 제14행 '세사에 시달려도 번뇌(煩惱)는 별빛이라'라는 두 행에 집약될 것이다. 이 두 행은 모두 이 시의 전환점이 되는 승·전의 터전을 마련하는 중요한 기능을 담당하고 있다. 이 시행들을 통해서 작자는 춤으로써 승무와 정신적 내면성을 지닌 인간의 고뇌를 시적으로 결합시켰다고 할 수 있을 것이며, 이 시가 단순한 소재적 차원을 넘어설 수 있었던 것은 바로 여기에 근거한다고 할 수 있을 것이다.

구성상 또 하나의 특색은 제1연에서 두 행으로 분절시킨 것이 마지막 9연 두 번째 행에서 하나의 행으로 반복되고 있다는 점이다. 처음과 끝을 동일한 시행으로 반복시킴으로써 작자는 이 시의 구성상의 완결성을 부여하였으며, 또 이 반복이 완결된 시적 구도 속에 지속되는 승무의 세계를 외곽에서 감싸고 있다고 하겠다.

바꾸어 말하면 제9행과 제14행이 시적 전환의 기틀을 내부에서 마련하고 있다면, 제1·2행과 제18행의 동일한 표현의 반복은 이 내부적 구성을 그림의 액자처럼 밖에서 감싸고 있는 형국이라는 것이다. 물론 부정적 시각에서 본다면, 제18행은 미처 다 표출하지 못한 제17행까지의 시적 진술을 다급하게 끝맺고 말았다는 혐의를 지우기는 어렵다. 따지고 보면 제17행의 '이밤사 귀또리도 지새는 삼경(三更)인데' 하는 시행은 시간의 경과를 드러내기 위해 표나게 첨가된 것으로서 시의 흐름으로 보아 어색한 면이 적지 않다.

이 시의 구성을 떠받치고 있는 것은 빛의 이미지이다. 별빛과 달빛은 하늘에 있고 황촉불과 춤추는 여승의 눈빛은 지상에 있다. 별빛과 눈빛을 마주치게 하기 위해 달빛과 황촉불이 매개가 된다.[6] 까만 눈동자가 응시하는 별빛이야말로 지상적

6) 김현중, 〈지훈 시의 이미지와 상상적 구조〉, 《민족문화연구》 22호(고려대 민족문화연구원, 1989. 2), 169쪽에는 '이 작품에서 빛/어둠의 대립은 그러한 내면 지향의 내부 공간과 세계 인식의 외부 공간이 형성하는 심층적 의미망을 보여 준다. 별빛을 지향하는 승무의 춤은 "'황촉불'이 밝히는 만큼의 빛의 공간에서 이루어진다"'고 하여 내면적 빛에 대한 독특한 해석이 있다. 그러나 "'황촉불'이 밝히는 만큼의 빛의 공간"이란 견해는 지나치게 '빛의

존재인 인간이 자신의 고뇌를 별빛으로 초탈시키고자 하는 의지의 상징적 대상물이다.

그런데, 여기서 간과하지 말아야 할 것은 이 시 전체를 지배하는 것이 '내면의 빛'이라는 점이다. 하이얀 고깔을 투시하고 두 볼에 흐르는 빛을 응시하는 내면적인 빛을 간과한다면, 이 시에 구사되는 시행들은 아마도 산만한 수사로 전락해 버렸을 것이라는 점을 상기해 보라. 이 내면의 빛을 전제로 별빛을 응시하는 눈동자가 번뇌의 초탈이라는 정신적 내면성을 획득하게 된다는 것이다.

두 번째로 거론되어야 할 것은 이 시에 구사된 언어와 율격이다. 널리 알려진 것이지만 우선 제1·2행의 '고깔은 나빌레'라는 표현은 '고깔은 나비다'라는 표현인데 '나비'[7]에 '-ㄹ네라'라는 의고적 감탄 어미가 추가되고 있음을 주목할 수 있다. 제6행의 '서러워라', 제10행의 '외씨보선이여', 제14행의 '별빛이라', 제18행의 '나빌레라' 등은 모두 감탄적 의미가 부가된 것으로서 이 시가 정적인 것처럼 보이지만 매우 높은 시적 어조로 진행되고 있음을 알 수 있다. 제13행의 '두 방울이야', 제16행의 '합장(合掌)이냥하고', 제17행의 '이밤사' 등도 모두 조지훈 특유의 언어적 조탁이 가해진 시어들이다. 또한 제1행에서는 '얇은 사(紗)하이얀 고깔'이 제4행에 이르러서는 '박사(薄紗)고깔'로 축약되고 있다는 점을 음미해볼 때, 시상의 전개에 따른 시어의 변용에 대한 지훈의 고심을 알아차릴 수 있을 것이다.

이 시의 율격[8]은 제1·2·3연 2음보, 제4·5연 4음보, 제6연 11행 2음보, 제12행 4음보, 제7·8·9연 4음보로 음독할 수 있다. 처음 제1·2·3연의 2음보는 4음보의 변형으로서 느리지만 분절된 호흡으로 인해 속도감 있게 이 시를 끌어나가며, 제4·5연의 4음보는 장중하고 정교한 시적 상황 묘사에 적절하며, 제6연의 제11행의 2음보와 제12행의 4음보를 매개로 다시 제7·8·9연의 4음보 율격의 반복은 안정된 감정을 불러일으킨다. 특히 제6연의 11·12행을 각각 2음보, 4음보로 나누어볼 수

공간'을 축소시킨 해석일 것이다.

7) '나비'가 갖는 시적 감상에 대한 해석은 서준섭, 앞의 글, 253-255쪽; 박호영, 앞의 글, 116-120쪽 등을 참조.

8) 〈승무〉의 율격에 대해서는 다음 논문을 참조할 것. 오탁번, 〈지훈의 의미와 이해〉, 《현대문학산찬》(고려대출판부, 1976), 177-178쪽; 오세영, 〈조지훈의 문학사적 위치〉, 《민족문화연구》 22호(고려대 민족문화연구원, 1989. 2), 52쪽 참조.

있는 것은 다음에 오는 행들의 매개적 율격이라는 점에서 흥미로운 변주가 가해진 부분이라 할 것이다. 또한 각 연이 모두 두 행으로 짝지어져 있다는 것도 형태적 안정감에 크게 기여한다.

> 까만 눈동자 / 살포시 들어 //
> 먼 하늘/ 한개 / 별빛에 / 모두오고 //
>
> 복사꽃 / 고운 뺨에 / 아롱질듯 / 두 방울이야 //
> 세사에 / 시달려도 / 煩惱는 / 별빛이라 //

위와 같이 제11–14행을 음독해 볼 때, 하나하나의 시어에 대한 조탁과 더불어 4음보의 느리고도 장중한 율격의 안정감은 이 시의 고전적 형식미를 극대화시킨다. 앞에서 지적한 바이지만, 이 시의 각 연의 종결어미가 보여주는 감탄적 어조가 시적 균형감에 어그러지지 않을 수 있었던 것도 사실은 작자가 세심하게 배려한 율격에 힘입은 바가 크다. 외적 묘사와 율격의 결합이 이 시를 통해 표출하고자 한 정신적 내면성에 생명력을 불어넣는다는 점에서 〈승무〉는 시적 언어의 특색을 나타내주는 좋은 본보기가 된다고 할 수 있다. 조지훈 자신이 승무를 보는 순간, '나는 시정(詩情)을 느낄 땐 뜻 모를 선율(旋律)이 먼저 심금(心琴)에 부딪침을 깨닫는다'고 했듯이 이 시적 선율을 언어적 율격으로 표현한 것이 이 시라고 할 수 있을 것이다.

세 번째로 이 시에서 거론되어야 할 것은 이 시의 주제가 무엇인가 하는 점이다. '세사에 시달려도 번뇌는 별빛이라'는 시행의 해석을 어떻게 할 것인가에 따라 이 시의 주제도 밝혀지리라고 생각된다. 간단히 말하자면 과연 이 시의 주인공은 번뇌를 초탈한 것인가 아니면 결국 번뇌를 초탈하지 못했다는 것인가로 집약된다.

이 시의 전반적인 분위기는 번뇌의 초탈에 초점이 맞추어져 있지만, 승무의 주인공은 결코 그 번뇌를 초탈한 것은 아니다.[9] '별빛이라'라는 시적 진술을 음미해

9) 김명인(앞의 글, 219쪽)이 고뇌가 별빛으로 상승되는 것은 '선험적(先驗的)인 미의식(美意

보면, 어미 '이라'가 어색한 표현이긴 하지만 그 나름의 독특한 어감을 머금고 있다. '–이다'가 아니고 '–이라' 했을 때, 이것은 단순 서술이 아닐 뿐더러 번뇌에 시달리는 지상적 인간이 느끼는 별빛의 격절성이 부각된다는 것이다. 번뇌가 격렬할수록 찬연히 빛나는 별빛에서 우리는 세속에 속박된 인간의 처절한 몸부림을 느낄 수 있다.

그런 이 시의 묘미는 별빛의 격절성만이 두드러지는 것은 아니다. 별빛은 지상적 인간으로부터 떨어져 밤하늘에 빛나는 것이지만, 그 속박을 떨치고자 하는 인간의 원망(願望)으로 인해 인간에게 가깝게 느껴진다는 것이다. 이를 다른 말로 표현하면 까만 눈동자의 눈빛과 별빛이 강한 긴장으로 맺어진다고 하겠다. 이 시적 긴장이 〈승무〉가 가진 생명력이며, 단순히 외적인 묘사가 아니라 그 나름으로 인간의 내면에 깃든 고뇌를 시적 언어로 육화시킨 예라고 할 수 있다. 천상과 지상, 육체와 정신, 세속적인 것과 성스러운 것의 상충하는 고뇌를 극적으로 집약시킨 시가 〈승무〉라는 것이다.

주제와 더불어 마지막으로 거론되어야 할 것은 〈승무〉의 시적 미학이다. 지훈이 가장 고심했다고 하는 '돌아설듯 날아가며 사뿐히 접어 올린 외씨보선이여'에 집약된 시적 미는 외씨보선코에 집약되는 선(線)의 미학이다. '돌아설 듯 날아가며'에서 동중정(動中靜)이, '사뿐히 접어 올린'에서 경쾌한 날렵함이 표현되며, 여기에 나아가 '외씨보선'에서 사찰의 기와지붕과 탑의 곡선이 한국적 여인의 버선코에 전화되어 집약된 선의 미학이 압축적으로 드러난다는 것이다. 물론 이런 시적 미학은 '세사에 시달려도 번뇌(煩惱)는 별빛이라'고 하는 주제 의식을 전제로 고전적 완결미를 갖는다고 할 수 있다. 이 고전적 완결미는 물론 선험적인 것이며, 지훈의 조숙성과 천재성이 결합된 생리적인 것이기도 하다.

오늘날의 독자들이 〈승무〉에서 고전적 형식미에 부여된 내면적 고뇌의 시적 정화를 발견하는 것은 우연한 일이 아니다. 그것은 단순히 불교적 소재를 그대로 시적 언어로 치환시킨 것이 아니기 때문이다. 승무를 보면서 지훈이 처음 느꼈던 시

識)을 토대로 달성된 것'이라고 지적한 것은 적절한 해석이라 생각된다. 그러나 그 선험성이 전혀 무의미한 것만은 아니다. 이 점에서 김재홍(앞의 글, 444쪽)의 '이 시는 번뇌의 초극이나 완성을 제시한 것이 아니라, 그러한 것을 갈망하는 몸부림을 순간적 인상으로 포착하려는 데 기본 의도가 놓여 있다'는 지적은 참고할 만하다.

적 전율이 19세 소년의 인간적 고뇌와 그것의 정신적 극복이라는 명제로 승화되었기 때문이다. 〈승무〉에 등장하는 여승의 두 볼에 흐르는 빛은 사춘기 소년의 복사꽃 두 뺨에 흐르던 고뇌의 빛이 아니던가.

하늘로 날을 듯이 길게 뽑은 부연 끝 풍경이 운다.
처마 끝 곱게 늘이운 주렴에 半月이 숨어
아른아른 봄밤이 두견이 소리처럼 깊어가는 밤
곱아라 고아라 진정 아름다운지고
파르란 구슬빛 바탕에
자지빛 호장을 받친 호장저고리
호장저고리 하얀 동정 이 환하니 밝도소이다.
살살이 퍼져 나린 곧은 선이
스스로 돌아 曲線을 이루는 곳
열두폭 기인 치마가 사르르 물결을 친다.
초마끝에 곱게 감춘 雲桂 唐桂
발자취 소리도 없이 대청을 건너 살며시 문을 열고
그대는 어느 나라의 古典을 말하는 한마리 蝴蝶
蝴蝶이냥 사푸시 춤을 추라 峨眉를 숙이고……
나는 이 밤에 옛날에 살아
눈 감고 거문고 줄을 골라 보거니
가는 버들이랑 가락에 맞추어
흰 손을 흔들어지이다.

—〈고풍의상〉 전문

첫 추천작 〈고풍의상〉이 〈승무〉의 모태가 된다는 사실은 이 두 시를 읽으며 금방 알아차릴 수 있다. 시적 소재가 춤이며, 두 시를 지배하는 선의 미학이 그러하다. 나비를 비롯한 여러 시적 심상이 또한 그렇다. 그러나 〈고풍의상〉에는 풍류적 멋의 자연스러움은 있지만, 거문고 줄을 고르는 화자나 춤추는 여인 그 누구에게도 인간적 고뇌가 없다. 외적 묘사로 일관한 까닭에 〈고풍의상〉은 자연스럽다.

지훈의 선험적 천재성을 논하려면 〈고풍의상〉이 제격일 것이다. 이 〈고풍의상〉의 세계를 떨쳐버리고 자신의 세계를 확립하고자 했던 것이 다름 아닌 〈승무〉이다.

인생에 대한 깊은 통찰이 미숙하고, 다소 어색한 언어 구사가 뒤따른다 하더라도 〈승무〉는 첫 추천작 〈고풍의상〉에서 한 걸음 지훈 나름의 세계로 나아간 작품임이 분명하다. 소재적인 것 또는 풍물적인 것을 정신적 고뇌로 끌어올렸기 때문이다. 물론 선자 지용이 지적했던 언어의 축약, 생활체험은 그의 최종 추천작인 〈봉황수〉에 이르러 더욱 구체화된다.

문단에 등단 이후 조지훈의 시는 〈고시〉와 같은 탁월한 선감각의 시를 거쳐 최후에는 이 모든 것을 융합한 불교적 깨달음의 세계를 육화시킨 〈범종〉에 이르게 된다. 8·15해방, 6·25동란, 4·19혁명 등의 시대사적 세파를 겪으면서도 그가 도달했던 시심의 구국은 불교적 세계를 기반으로 한 인간적 삶의 진정한 깨달음에 있었던 것이다.

3. 〈범종〉, 두 개의 지향성과 변증법적 통일

조지훈의 시에는 기본적으로 두 개의 엇갈리는 지향성이 놓여져 있다. 이것은 좁게는 우리의 문학사, 넓게는 우리의 근대사가 지닌 운명적인 방향성과 궤를 같이 한다. 서구 열강의 동점과 더불어 식민지로 전락한 동양 각국이 감수해야 했던 지향성이란 하나는 밖으로 향하는 서구 지향성이요, 다른 하나는 안으로 향하는 전통 지향성이라 할 것이다.

> 나는 처음 詩를 쓸 때부터 우리의 근대적 전통이 그러하듯이 가슴 속에 동양과 서양이라는 평행하는 두 줄기 전통을 가꾸어 왔다. 와일드, 보오드렐, 키츠, 에이츠, 발레리, 꼭토, 릴케, 헷세 등을 좋아하면서 陶淵明, 李白, 杜甫, 白樂天, 蘇東坡, 陸防翁, 王漁洋들을 耽讀하였다. 聖書, 그리이스 神話와 儒, 佛, 老莊을 함께 읽었고 문학을 공부하면서 國語國文學과 史學, 民俗學에의 관심에 더욱 열중하기도 하였다. 그리고, 나는 詩精神에 있어서만 東西가 교착하였던 것이 아니라 詩의 방법에 있어서도 극단의 技巧主義와 극단의 反技巧主義를 동시에 받

> 아들였던 것이다. 이 기교주의는 다분히 西歐詩에서 받은 영향이고 반기교주의는 禪의 美學에서 섭취한 것이다. 이 정신과 기법의 두 가지 상반된 흐름은 실로 오랫동안 나의 안에서 평행되었고 이제 와서야 나는 그것을 超克하여 융합하는 길을 느낀 것 같다.[10]

이와 같은 지훈의 고백은 30여 년의 시적 역정을 거친 다음의 진술이라는 점에서 유효성을 갖는다. 그가 말하는 두 가지 상반된 지향성이 그의 시에 여실히 드러나고 있다는 점에서 그 설득력이 입증된다. 많은 논자들의 관심이 조지훈의 시가 지닌 동양적 특질, 특히 선감각에 긍정적으로 기울어져 있었음은 김동리의 논급 이래 하나의 중요한 흐름이었다.

그런데, 유독 김윤식과 송재용이 이런 일반적인 흐름을 부정하면서 왜 그처럼 〈범종〉을 높이 평가했던 것일까. 이들은 전통의 계승자로서 지훈의 시적 성과마저 폄하하려는 관점을 취하고 있기는 하지만, 종전의 논자들이 미처 살피지 못한 중요한 점을 일깨워 주었다.[11] 지훈 시가 지닌 서구적 지향과 동양적 지향의 접점에 〈범종〉이 놓인다는 사실을 은연중에 확인했다는 점이 바로 그것이다.

> 무르익은 果實이
> 가지에서 절로 떨어지듯이 종소리는
> 虛空에서 떨어진다. 떨어진 그 자리에서
> 종소리는 터져서 빛이 되고 향기가 되고
> 다시 엉기고 맴돌아
> 귓가에 가슴 속에 메아리치며 종소리는
> 웅 웅 웅 웅 웅……
> 三十三天을 날아오른다 아득한 것.
> 종소리 우에 꽃방석을
> 깔고 앉아 웃음짓는 사람아

10) 조지훈, 〈나의 시의 과역(過歷)〉, 《청록집 이후》(현암사, 1968), 351쪽.
11) 〈범종〉의 음성상징에 대한 집중적 해석은 다음 글을 참고할 것. 김현자, 《한국현대시작품연구》(민음사, 1988), 228-235쪽.

죽은 者가 깨어서 말하는 時間
산 者는 죽음의 神秘에 젖은
이 텡하니 비인 새벽의
空間을
조용히 흔드는
종소리
너 향기로운
果實이여!

—〈범종〉 전문

모두 18행으로 연의 구분이 없는 〈범종〉은 그 형태상으로 보아 단숨에 씌어진 듯하며, 별다른 퇴고의 흔적도 보이지 않는다. 작위적인 분절이 없고 과다한 수사가 없다. 하나의 호흡으로 자연스럽게 씌어져 시상 전개에 있어서 막힘이 없다. 무기교의 기교나 기교를 뛰어넘어 무르녹은 정신이 이 시에 짙게 배어 있다.

이 시는 다음 세 가지 점에서 주목된다. 첫째, 하강에서 상승으로, 비움에서 충만으로 변용되는 우주적 생성론이 그 하나이다. 빈 새벽 허공에서 들려오는 범종 소리를 들으며 화자는 소리가 터져 빛이 되고, 향기가 되어 아득한 삼십삼천(三十三天)을 날아오르고 있다고 말하고 있다. 이 하강에서 상승에로의 변증법은 화자의 가슴속을 메아리치며 온갖 세속을 떨쳐버리는 것인 동시에 죽은 자와 산 자를 만나게 해주면서 빈 새벽의 공간을 채운다. 익어서 떨어진 과실은 다시 싹을 피울 것이며, 열매를 맺을 터인데, 그 농숙한 과일의 향기로 범종의 소리를 인식한다는 것은 자못 독특하다. 유와 무를 하나로 통합하는 불교의 반야사상을 지훈은 다음과 같이 설파한 바가 있다.

般若思想을 한 말로 줄이면 兄은 뭐라고 하겠읍니까. 나는 이를 無我라고 보겠읍니다. 兄도 물론 그렇게 볼 줄 압니다. 無我이기 때문에 因緣和合하며 緣起하기 때문에 無常하며 무상하므로 苦가 있는 것이 아니겠읍니까? 이것이 三法印이며 곧 그대로 이 空思想의 根樞가 되는 것이 아닙니까? 즉 眞空妙有의 바탕도 諸法無我를 벗어나지 않는다는 말입니다. 모든 것이 我가 없으므로 諸法이 幻化

> 와 같은 것이니 幻은 化라, 없다가 문득 있는 것(無而 忽有)이 곧 그것입니다. 이 幻化諸法은 비록 있다 하더라도 그 본체는 無我하며 空한 것이니 사실은 없는데 있는 것 그것이 幻化아며 諸法이란 말입니다. 이와 같이 모든 것이 自性이 없으므로 無라 하며(色即是空) 비록 自性은 없으나 因緣化合하여 나타나므로 영 없는 것은 아니니 또한 有라 하는 것이 아닙니까(空即是色).[12]

이처럼 인연화합에 바탕을 둔 연기설(緣起說)은 그대로 유와 무의 우주적 생성론으로 통한다. 이 우주적 생성론의 위의 시 〈범종〉에서의 하강과 상승의 논리를 떠받치는 토대가 된 것이라 여겨진다. 지훈의 이와 같은 불교적 생성론은 다른 방식으로 표출된 것이기는 하지만 한용운의 〈알 수 없어요〉를 연상시킨다.

> 타고 남은 재가 기름이 됩니다.
> 그칠 줄 모르고 타는 나의 가슴은 누구의 밤을 지키는 약한 등불입니까.

한용운의 시 〈알 수 없어요〉의 마지막 구절들을 읽을 때 우리는 조지훈과 한용운이 불교적 사유 속에 깃들어 있는 우주적 생성론에서 일치하고 있다는 사실을 확인하게 된다.

〈범종〉에서 주목되는 두 번째 사항은 이 시가 감각과 사유의 조화 속에서 균형을 이루고 있다는 점이다. 이 시를 한마디로 요약하면, '종소리는 과실(果實)이다' 일 것이다. 그러나 이런 시적 인식의 과정에서 우리는 소리와 빛과 향기로 가득 찬 시적 정서를 느낀다. 그것들은 또한 모두 실체를 갖는 것이 아니기 때문에 이 시를 비워져 있는 정신의 공간으로 만들어 준다. 감각과 사유 그 어느 쪽에도 기울어지지 않는 지점에서 화자는 죽은 자가 깨어서 말하고 산 자가 죽음의 신비에 젖는 인식론적 접점에 스스로를 좌정시킬 수 있으리라. 아마도 서구시에서 얻은 탐미적 감미로움과 동양의 정신적 전통에서 체득한 사유가 이 시의 정신적 풍요로움을 획득하게 한 것이 아닌가 한다. 와일드나 보들레르류의 탐미주의 계열의 〈지옥기〉, 〈손〉, 〈월광곡〉, 〈부고〉 등의 시편들의 체취가 〈범종〉에 깃들어 있다는

12) 조지훈, 〈반야사상에 대하여〉, 《조지훈전집 4》(일지사, 1973), 112-113쪽.

말이다. 〈지옥기〉 계열의 초기시[13]라고 생각되는 〈종소리〉에서,

울지 말아라 울리지 말아라 깊은 밤에 구슬픈 징소리. 아니 白晝대낮에 눈먼 鐘소리.

와 같은 관능적이며 악마적인 '눈먼 종소리'가 완전히 가셔져 있는 것이 〈범종〉이며, 이를 위해 지훈은 오랜 자기 성숙의 과정을 거쳐야 했을 것이다. 지훈이 자신의 시적 역정을 회고하는 자리에서 말한 대로 그의 시심 속에서 교차되던 상반된 흐름의 초극과 융합을 새삼 음미하게 만드는 시가 〈범종〉인 것이다. 아마도 김윤식이나 송재영이 이 시에 의미를 부여한 이유도 동양적 적멸에의 함몰이 아니라 위의 시가 감각과 사유의 조화 속에서 균형을 잃지 않았기 때문일 것이다.

여기서 간과하지 말아야 할 것은 이 시의 우주적 생성론을 떠받치고 있는 기본적 심상이 식물적이라는 점이다. 과실의 향기로 가득한 공간에서 깨달음을 얻고, 무르익은 과일은 떨어져 새로운 씨앗이 된다는 사실이다. 〈승무〉에서 보이는 '오동잎', '복사꽃' 등이 식물적 심상이었다는 것은 우연이 아니다. 〈승무〉에 집약적으로 나타나는 동물적 심상인 '나비'는 식물적 심상인 '꽃'을 생각하지 않고는 쓰여질 수 없는 표현이며, 나비는 꽃으로 하여금 농숙한 과일을 결실로 맺게 한다는 사실을 생각해보고, '귀또리' 또한 식물적 심상인 '오동잎'과 짝지어 나타나 가을이라는 계절을 일러준다는 사실을 돌이켜 보라.

〈승무〉에서 〈범종〉으로 가는 과정에서 식물적 심상을 독특하게 구체화시킨 대표적인 예로 〈고사 1〉과 〈아침〉이 있다. 〈고사 1〉은 지훈의 선감각을 성공적으로 표현한 작품으로 평가되어 왔으며[14], 《청록집》(1947)은 물론 지훈의 첫 개인 시집 《풀잎 단장》(1952)에 수록된 시이다. 〈아침〉은 《풀잎 단장》에 처음 수록되었다가 《조지훈 시선》(1956)에는 〈화체개현〉으로 게재되어 수록되었다. 식물적 심상을 논하여 지훈의 시적 전개를 파악하기 위해서는 이 두 시를 제의하고 논의하기는

13) 〈지옥기〉 계열의 시에 대해서는 김흥규, 〈조지훈의 초기작 〈지옥기〉 시편에 관하여〉, 《한국현문사연구》(일지사, 1983), 523-532쪽 참조.

14) 김동리, 앞의 글, 앞의 책, 32쪽 참조. 〈고사〉에 대한 정밀한 해석은 金容太, 〈조지훈의 선관(禪觀)과 시〉, 《조지훈 연구》, 83-85쪽 참조.

어렵다.

木魚를 두드리다
졸음에 겨워

고오운 상좌아이도
잠이 들었다.

부처님은 말이 없이
웃으시는데

西域 萬里길

눈부신 노을 아래
모란이 진다.

―〈고사 1〉 전문

이 시의 묘미는 제3연과 제5연의 연결에 있다. 부처님의 웃음과 모란을 제4연 '서역(西域) 만리(萬里)길'이 매개한다. 부처님의 염화시중의 미소가 떨어지는 모란에 집약되어 구체화되는데, 이는 수직적·수평적 공간을 확장하여 문득 깨닫는 돈오(頓惡)의 한 단면을 간결한 언어로 포착한 예이다. 그 시적 내포는 크고도 깊다.

그러나 여기서 특히 주목되는 것은 이 시의 배면에 있는 화가의 눈길이 부각시키고 있는 떨어지는 모란꽃의 시적 의미이다. 떨어지는 모란에서 불심의 깊은 세계를 단적으로 포착한 조지훈의 이와 같은 시적 직관은 〈승무〉에서 보여주는 오동잎이 표현하고 있는 시적 차원과는 크게 다른 것이다. 물론 여기에는 선험적 천재성이 깃들어 있으며, 또한 지훈의 시적 직관에는 오대산 월정사(月精寺) 외전 강사 체험이 그 시적 동인이 되었으리라 생각되지만 이는 그가 생리적으로 동양적 성향을 지닌 시인이었음을 인정하지 않을 수 없다는 점이다. 〈고사 1〉이 뛰어난 직관에 의해 포착된 것이라면 〈아침〉은 주관적 체험을 산문적으로 기술한 것으로써, 지훈의 시적 상상의 또다른 측면인 논리적·사변적 측면을 엿볼 수 있다는 점에서 주목을 요한다. 이 시의 시적 논리 전개과정에는 서구의 탐미주의적 영향이 가미되어 있다. 그러나 그 시적 발상의 근저를 관통하는 것은 물아일체라는 동양적 사고라는 사실을 간과해서는 안 될 것이다.

실눈을 뜨고 벽에 기대인다 아무것도 생각할 수가 없다

짧은 여름밤은 촛불 한 자루도 못다 녹인 채 사라지기 때문에 섬돌 우에 문득
石權꽃이 터진다.

꽃망울 속에 새로운 宇宙가 열리는 波動! 아 여기 太古쩍 바다의 소리없는
물보라가 꽃잎을 적신다.

방안 하나 가득 石榴꽃이 물들어 온다 내가 석류꽃 속으로 들어가 앉는다
아무것도 생각할 수가 없다.

—〈아침〉 전문

이 시에서 화자는 석류꽃과 완전히 하나가 된다. 천지창조의 비밀처럼 꽃의 내면 공간 속에서 그는 대상과 자아가 일치하는 순간을 경험한다. 이렇게 개화한 꽃이 세상살이의 온갖 신산함을 겪으며 하나의 열매가 된다. 천지 창조의 아침으로부터 불교적 생성론의 구체화에 이르는 도정이 〈아침〉에서 〈범종〉으로 나아간 길이라는 것이다. 무르익은 열매가 떨어지는 것을 종소리로써 인식하고 거기서 빛과 향기를 느끼는 인간적 성숙을 바탕으로 씌어진 시가 〈범종〉인 것이다. 삶과 죽음의 경계선에서 빈 공간을 울리는 종소리를 식물적 심상으로 파악하는 지훈 특유의 시적 인식은 〈고풍의상〉, 〈범종〉, 그리고 〈고사 1〉에서 비롯된 것이다. 이것은 아마도 그의 시적 체질이라고 보아야 하지 않을까 한다. 종소리의 식물적 변용과 깨달음의 인식이 성공적으로 결합되기 위해서 지훈은 오랜 인간적 번민과 시적 편력을 거쳐야 했던 것이다.

〈지옥기〉 계열의 초기시가 동물적 심상을 중심으로 한 젊은 날의 탐미적 열정의 표현이었다면, 〈고풍의상〉과 〈승무〉를 시발로 〈범종〉에 이르는 과정은 삶에 대한 구체적 깨달음과 더불어 식물적 심상의 내면화에 있었다고 하겠다. 식물적 심상이 확대, 구체화되어 〈범종〉이 씌어졌다는 것은 시적 표현의 매개물에 있어서만이 아니라 지훈의 시적 사고 또한 근원적으로 동양적이었음을 알려준다.

〈범종〉에서 주목되는 세 번째 사항은 이 시가 30여 년에 가까운 시작 생활 후반에 쓰여졌다는 점이다. 그것은 열정이나 체질만이 아니라 그 이상의 인간적 체험 속에서 능숙하게 발효된 시라는 사실을 뜻한다. 표나게 이 점을 강조하는 까닭은 지훈이 겪어야 했던 다난한 역사적 도정을 염두에 두기 때문이다. 8·15해방, 6·25동란 등은 그에게 엄청난 격변을 체험하지 않을 수 없게 만들었을 것이다. 좌·우익의 논전 속에서, 6·25동란의 현장 속에서 그야말로 조금도 편안한 날이 없는 세월을 보냈던 것이 논객이자 시인, 조지훈이었다는 사실을 부인할 사람은 없을 것이다. 이런 사실을 놓고 볼 때 떠오르는 시들이 6·25 동란을 소재로 한 〈다부원에서〉, 〈여기 괴뢰군전사가 쓰러져 있다〉와 4·19를 소재로 한 〈터져오르는 함성〉, 〈혁명〉 등이다. 김종길이 동란이 낳은 한국전쟁시의 명편의 하나[15]라고 평한 〈다부원에서〉는 참혹한 격전의 현장을 그대로 보여 준다. 바로 동족 간의 살육의 현장에서 지훈은 괴뢰군 전사의 시체를 보면서,

> 살아서 다시 본 多富院은
> 죽은者도 산 者도 다함께
> 安住의 집이 없고 바람만 분다.

라고 썼다 삶은 무엇이며 죽음은 무엇인가. 진고등이 썩는 냄새 속에서 그가 운명이란 무엇이며 안식이란 무엇인가 하고 반문할 때 유와 무의 변증법으로서 그의 불교적 세계관은 소멸과 함께 생성도 또한 새롭게 터득하는 바탕이 되었을 것이다. 이 시에서 종소리 위에 꽃방석을 깔고 앉아 웃음 짓는 사람이란 이 모든 것을 깨달은 자일 것이다. 그는 화자 자신이며, 새벽 종소리를 들으면서

15) 김종길, 〈지훈 시의 계보〉, 《조지훈연구》, 15쪽.

빈 공간을 가득 채우는 과일의 향기를 느끼는 자일 것이다. 〈승무〉에서 볼 수 있었던 세상에 시달리던 번뇌를 초탈한 자의 모습을 우리는 이 웃음 짓는 사람에게서 찾을 수 있다. 그의 웃음은 염화시중의 웃음이기도 하다. 19세 청년이 〈범종〉을 통해 보여주었던 지상의 고뇌와 하늘의 별빛까지의 길이 실상 조지훈이 걸었던 인간적 삶의 길이었으며, 역사의 소용돌이를 헤쳐나온 시적 도정의 궁극적 도달점이었다고 할 수 있다. 외면에서 내면에로의 길이 오랜 인간적 삶의 축적을 바탕으로 육화된 것이 바로 〈범종〉이라는 것이다. 따라서 〈범종〉은 매우 단순해 보이기는 하지만 지훈의 여러 체험이 녹아들어 그가 커다란 공허감을 느끼는 적막한 새벽에 시심을 흔들어 깨워 씌어진 무아홀유(無我忽有)의 시라고 할 수 있다. 색즉시공공즉시색(色郎是空空郎是色)에서 진공묘유(眞空妙有)로 전개되는 연기설처럼 소멸하면서 생성하는, 그리하여 아득한 삼십삼천(三十三天)을 날아오르는 시가 〈범종〉이다.

4. 소결

조지훈의 시에 대한 연구는 앞에서도 지적한 바이지만, 지나치게 초기시에만 국한되어 온 것이 사실이다. 여기에 정당한 이유가 없는 것은 아니다. 20대 초반 지훈은 식민지적 압박으로 인해 사회적 활동을 할 수 없었고 거의 모든 정력을 시에 집중했던 까닭에 또 그만큼 시적 성과도 컸을 것이다.

흔히 논의되곤 했던 지훈의 조숙성 또는 천재성이란, 밀폐된 세계에서 자신을 드러내는 선험적 감각에 의거한 것이라 할 수 있다. 위의 분석을 통해 입증한 바대로 〈승무〉에서 〈범종〉에 이르는 과정은 조숙한 시인의 관념적 한계를 넘어서서 오랜 체험과 인간적 성숙에의 길이 지훈 시에 흐르고 있음을 확인할 수 있을 것이다. 초기의 선(禪) 감각을 대표한다고 평가되는 〈고사〉와 같은 시가 조숙한 천재의 산사(山寺) 생활에 의해 씌어졌다면 유고작 〈병에게〉와 같은 작품은 고통스러운 인생 체험으로부터 자연스럽게 씌어졌다고 말할 수 있다.

〈다부원에서〉와 같은 시가 6·25동란과 같은 참혹한 전쟁을 겪지 않고는 씌어질 수가 없었을 것이다. 〈다부원에서〉를 초기 〈지옥기〉 계열의 시인 〈부전〉과 비교

해보면 탐미적 추구와 체험의 구체성 사이의 거리를 확인할 수 있을 것이다. 〈승무〉에서 접할 수 있는 화려한 수사와 이색적인 소재, 그리고 사춘기적 고뇌를 벗어난 것이 〈범종〉이며, 그 점에서 지훈의 시는초기의 조숙한 천재성만으로 평가해서는 안 된다는 것이다.

구체적 체험과 선험적 감각 그 어느 것을 택할 것인가는 물론 각각의 취향의 차이일 것이다. 특별히 어떤 하나에만 비중을 둔다는 것은 결코 객관적인 태도는 아니다. 〈지옥기〉 계열의 서구 탐미주의적인 초기 시편에서 〈범종〉, 〈봉황수〉 계열의 한국적이며 역사적 세계로의 전환은 지훈으로서는 필연적이었던 것이며, 〈범종〉의 번민과 초극이 관념적이었다면 〈범종〉에 이르러서는 육화된 체험의 구체성으로 인해 독자적인 깨달음의 세계에 도달했다고 볼 수 있을 것이다.

그러므로 전체를 통관하는 관점을 취한다면 지훈의 후기 시가 그렇게 경시되어야만 할 이유는 없다. 시집 《역사 앞에서》에 수록된 시 중에서 거칠고 들뜬 작품들도 많지만 그 나름의 의의가 부여되어야 할 시들도 여러 편 눈에 띈다. 지훈은 30여 년 동안 대략 250여 편의 시를 썼는데, 이는 우리 문학사를 돌이켜 볼 때 그 세대 시인의 작품량으로 결코 적은 것이 아니다. 만약 그의 시가 회고, 취미 영역의 범주 내에서만 논의된다면 우리가 그에게서 찾을 수 있는 많은 유익함을 사상해 버리는 결과를 초래하고 말 것이다. 전통의 계승과 극복의 과정은 물론 실패의 과정을 확인하기 위해서 조지훈의 시는 초기는 물론 후기 시까지 새롭게 통시적으로 고찰되어야 할 것이다. 그런 점에서 개개의 작품에 대한 보다 분석적이며 심층적인 접근이 요구된다고 하겠다.(1990. 12.)

《청록집》 발간 60주년과 조지훈

1. 순수서정의 근원

1946년 《청록집》이 발간되었다. 그것은 오늘에 돌이켜 보면 하나의 문학사적 사건이다. 박목월, 박두진, 조지훈 등 약관의 세 시인이 합동으로 간행한 이 시집은 해방 직후의 정치적 소용돌이 속에서 순수 서정의 세계에 대한 탐구를 보여주었다는 점에서 문단의 주목을 받았다. 김동리는 '자연의 발견'이라는 관점에서 이들의 시를 요약하였는데 이는 이들의 시가 지닌 특징을 집약적으로 나타낸 것이라 해도 과언이 아니다. 그런데 이들 세 시인이 형상화한 자연은 김소월이나 한용운이 보여 준 세계와는 다른 것으로서 그것은 어디까지나 인간의 삶을 통해 재해석된 자연이며, 그 자연을 새롭게 보는 인간적 서정의 표현이라고 하겠다.

이들 세 시인이 합동으로 시집을 냈다고 하더라도 그들의 시세계는 서로 다른 성향을 가지고 있다고 하겠는데 박목월의 향토적 서정, 박두진의 묵시론적 비전, 조지훈의 회고취미와 선감각 등으로 설명된다. 그러나 그들이 공통적으로 추구하는 것은 세속의 명리나 현실에의 집착이 아니라 인간의 순수한 감정을 고도로 조탁된 언어로 표현하고 있다는 점에서 남다른 시사적 의미를 갖는다고 하겠다.

특히 조지훈은 사라져 가는 것에 대한 고전적 취향이나 우국충정의 풍류적인 멋 그리고 불교적 선감각의 세계를 보여주었는데 이는 김소월과 김영랑이 물길을 연 한국적 서정의 세계와 한용운에게서 발원하고 정지용에 의해 조탁된 한국 현대시의 전통을 새롭게 일신시킨 것으로서 시사적 측면에서 그 나름의 독자적인 문학사적 의미를 갖는다. 오늘의 현실에서 돌이켜 볼 때 우리 시단은 21세기에 들어서며 세계화 시대라고 지칭되는 복잡다기한 상황에서 여러 가지 혼돈과 답보를 거듭하고 있다. 90년대 유행하던 해체시가 지나간 다음 시적인 것의 파괴가 도처에서 벌어지고 있으며 디지털 시대의 심화와 더불어 인간성 그 자체의 상실에 이르는 위기 상황에 우리가 처해 있다고 해도 과언이 아니다. 시가 문화의 중심에서 문화의 변방으로 물러나면서 이러한 위기는 가속화되어 인간적인 것을 기계적인 것들이 대신하는 기술 정보가 광범위하게 확산되는 시대로 치달리고 있다.

이러한 상황을 염두에 둘 때 60년 전에 간행된 《청록집》의 순수 서정의 세계를 음미해 보고 조지훈의 시적 계보를 확인해 본다는 것은 새로운 시적 진로를 모색하는 하나의 계기를 마련해 줄 것이다. 인간의 인간적인 것이 사라져 버린다면 예술은 물론 어떤 문화도 그 외형이 아무리 화려한 것이라고 해도 존립 근거를 상실할 것이기 때문이다. 청록파가 추구한 순수 서정의 세계야말로 시를 논하는 데 있어서 어제의 명제가 아니라 오늘의 명제이며 내일의 명제이기도 하다는 사실을 자각시켜 준다는 점에서 청록파의 생명력은 아직도 유효하다고 할 것이다.

2. 지훈의 시적 세계와 그 계보

조지훈은 20세이던 1940년에 이미 〈고풍의상〉과 〈승무〉 그리고 〈봉황수〉, 〈향문〉 등이 추천 완료되어 문단에 등단하게 되는데, 이때의 추천시들은 조숙한 천재가 도달한 시정신의 높이를 보여주는 수작들이다. 물론 지훈은 10대 후반 세기말의 악마주의에 침잠하여 탐미적인 〈지옥기〉 시편들을 쓰기도 했지만 본격적으로 문단에 등단한 이후 이러한 탐미적인 시편들은 표면에서 사라지고 문학적 충동의 원초적 체험으로 자리 잡는다. 오히려 기울어져 가는 것, 소멸해 가는 것들에 대한 애수를 노래하는 〈봉황수〉나 전통에 대한 관심과 애정을 드러내는 〈고풍의상〉 등 회고적 분위기를 나타내는 시편들이 전면에 떠올라 초기 지훈 시의 주요 특징을 형성한다.

그러나 지훈의 복고 취미에는 단순한 복고 취미가 아닌 사라져 가는 고전적 정서와 민족혼, 퇴락해 가는 민족정신에 대한 강력한 회복의 의지가 담겨 있다. 이와 함께 이들 시에는 우리말에 대한 독자적인 아름다움이 담겨 있어 지훈이 민족어의 탐구에 쏟은 각고의 노력을 짐작할 수 있게 한다. 일반인들에게 널리 알려져 지훈의 대표 시로 지칭되는 〈승무〉의 경우 지나치게 유려한 언어와 유장한 율조가 시혼의 깊이를 나타내는데 장애가 된다는 비판을 받을 정도이다.

얇은 사(紗) 하이얀 고깔은
고이 접어서 나빌네라.

파르라니 깎은 머리
박사(薄紗) 고깔에 감추오고

두 볼에 흐르는 빛이
정작으로 고아서 서러워라.

빈 대(臺)에 황촉(黃燭)불이 말없이 녹는 밤에
오동잎 잎새마다 달이 지는데

소매는 길어서 하늘은 넓고
돌아설 듯 날아가며 사뿐이 접어올린 외씨보선이여.

까만 눈동자 살포시 들어
먼 하늘 한 개 별빛에 모도우고

복사꽃 고운 뺨에 아롱질 듯 두 방울이야
세사에 시달려도 번뇌(煩惱)는 별빛이라

—〈승무〉 앞 부분

위의 시에서 '세사에 시달려도 번뇌(煩惱)는 별빛'이란 명제는 한용운의 시 〈알 수 없어요〉에서 표현되었던 한국 불교시의 형이상을 다시 집약한 것이라 해도 과언이 아니다. 정적인 순간에서 동적인 순간으로의 전환을 포착한 예민한 감각과 뛰어난 언어의 조탁은 지훈의 시적 특징을 이 한 편에서 다 엿볼 수 있다고 말할 수 있을 것이다. 고깔을 나비로 비유하여 마치 꿈꾸는 듯한 장면을 연출하고 있는 이 시는 초월적인 세계를 지향하던 젊은 지훈의 고뇌와 열정이 담겨 있다. 그럼에도 사물을 응시하고 이를 시적 언어로 변용시킨 솜씨는 노련한 것으로써 여기서 우리는 지훈의 조숙성을 엿볼 수 있다.

지훈 시가 이처럼 일찍부터 탐미적인 언어와 안정된 구조를 특색으로 하게 된 원인으로는 그가 유년시절에 쌓은 한시 수업의 영향이 거론되기도 한다. 〈낙화〉, 〈완화삼〉, 〈파초우〉 등의 시는 다양한 감각적 표현을 통해 시적 공감을 유발시키며, 규칙적인 행과 연의 구성을 통해 구조적인 안정감을 획득한다. 이러한 시들에는 정적인 선(禪)의 감각과 함께 낙화 또는 소멸의 동적인 이미지가 혼용되어 있어, 운동과 정지, 긴장과 이완, 생략과 부연의 대조적인 원리가 일으키는 미적 긴장을 느낄 수 있다. 여기서 한 걸음 나아가 선적 감각을 보여 준 것은 〈고사 1〉이다.

목어(木魚)를 두드리다
졸음에 겨워

고오운 상좌아이도
잠이 들었다.

부처님은 말이 없이
웃으시는데

서역(西域) 만리(萬里)ㅅ길

눈부신 노을 아래
모란이 진다.

—〈고사 1〉 전문

선방의 하루를 풍경화처럼 담담히 그려낸 이 시는 위에서 본 〈승무〉에서 한 걸음 더 나아간 것처럼 보인다. 이 시에서 우리는 설명적 진술을 찾아볼 수 없다. 오히려 그의 스승 정지용의 언어적 감각이 엿보인다. 조탁된 시어 속에 함축과 여운을 살리고 있다는 점에서 그러하다. 시의 문면에는 부처님의 말없는 웃음과 눈부신 노을 아래 지는 모란이 있을 뿐이다. 그러나 범상하다면 범상하다고 할 수 있는 이러한 풍경의 묘사는 시간과 공간을 뛰어넘어 하나의 통일된 초월적 세계를 보여주고 있다는 점에서 고도의 시적 형상미를 얻는다. 이 점이 한용운의 불교적 선감각의 시에서 한 걸음 나아가 지훈의 시가 새롭게 현대적 의의를 획득한 부분이라고 할 것이다.

1945년 광복을 전후하여 향리에 은둔하던 지훈은 광복과 더불어 사회의 전면에 나서게 되는데 좌·우의 소용돌이 그리고 6·25의 민족상잔 등의 역사적 굴곡을 경험하게 된다. 어떻게 보면 정적인 것과 동적인 것의 양극은 지훈의 자아 형성에서 동적 원동력이 된 것이라고도 할 수 있을 것이다. 박목월, 박두진과의 합동 시집 《청록집》(1946)을 간행하여 확고한 문단적 위치를 차지하게 된 조지훈은 이어 첫 개인 시집 《풀잎 단장》(1952)을 간행한다. 여기에 이르러 지훈의 시에는 갈등과 혼란을 넘어서기 위한 형이상학적 충동이라고 할 수 있는 자연과 인간 사이의 화해와 우주적 교감이 나타나게 된다. "아, 우리들 태초의 생명의 아름다운 분신으로 여기 태어나/ 고달픈 얼굴을 마주대고 나직이 웃으며 얘기하노니"라는 〈풀잎 단장〉의 구절에서처럼 인간과 자연이 친화하고 조화를 이루는 우주적 질서가 그려진다. 〈화체개현〉에서는 석류꽃 꽃망울 속에 우주가 열리고, 그 석류꽃 속으로 시적 화자가 들어간다는 물아일체의 독특한 상상력의 세계가 나타난다. 자연과 인간의 세계를 하나로 통합하는 이러한 열린 상상력은 포괄적이며 총체적인 지훈의 세계관 또는 자연관을 대변하는 것이다.

지훈은 이처럼 자연과 인간의 생명 현상에 대해 진지한 탐색을 행한 한편 역사와 현실에 대해서도 남다르게 치열한 응전력을 보였다. 우국충정은 지훈이 초기시 〈봉황수〉에서 이미 그 단초를 보인 것으로서 그는 1950년 6월 25일 한국전쟁이 발발하자 문총 구국대 기획위원장으로 직접 전선에 뛰어들어 그 선봉에서 활약하기도 했다. 종군 시인으로 활동한 이러한 경험은 〈다부원에서〉, 〈절망의 일기〉, 〈이기고 돌아오라〉, 〈전선의 서〉, 〈도리원에서〉 등 많은 전쟁시를 낳는다. 특히 〈다부원에서〉는 지훈 시의 양면적인 특색인 감각적인 흐름과 사변적인 흐름이 조화를 이루어 전쟁의 참혹한 현장을 사실적으로 그려낸 한국 전쟁시의 명편으로 평가된다.

고개 들어 하늘에 외치던 그 자세대로
머리만 남아있는 군마(軍馬)의 시체

스스로의 뉘우침에 흐느껴 우는 듯
길 옆에 쓰러진 괴뢰전사(傀儡戰士)

일찍이 한 하늘 아래 목숨 받아
움직이던 생령(生靈)들이 이젠

싸늘한 가을바람에 오히려
간 고등어 냄새로 썩고 있는 다부원

진실로 운명의 말미암음이 없고
그것을 또한 믿을 수가 없다면
이 가련한 주검에 무슨 안식이 있느냐

살아서 다시 보는 다부원은
죽은 자도 산 자도 다 함께
안주의 집이 없고 바람만 분다.

—〈다부원에서〉 중간 부분

종군시인으로 참가한 지훈은 피아 간에 처절한 격전이 벌어진 다부원을 직접 찾아가 보고 과연 전쟁이란 무엇이고 인간의 삶이란 무엇인가를 돌이켜 보지 않을 수 없었을 것이다. 무참하게 희생된 사람들의 목숨은 과연 무엇을 위한 것일까. 이데올로기를 내세워 벌어지는 이렇게 참혹한 살육의 현장을 노래한 전쟁 시편들을 쓰게 되는 다른 한편에서는 순정한 서정의 시라고 할 수 있는 〈민들레꽃〉과 같은 작품도 쓰게 되는데 이는 한 인간으로서 지훈의 가슴속에 자리 잡고 있는 까닭 없는 외로움을 나타내는 순수한 시심의 또 다른 발로라고 하겠다.

까닭 없이 마음 외로울 때는
노오란 민들레꽃 한 송이도
애처롭게 그리워지는데

아 얼만한 위로이랴
소리쳐 부를 수도 없는 이 아득한 거리에
그대 조용히 찾아오노니

사랑한다는 이 말 한마디는
내 이 세상 온전히 떠난 뒤에 남을 것

잊어버린다. 못 잊어 차라리 병이 되어도
이 얼마나한 위로이랴
그대 맑은 눈을 들어 나를 보느니

—〈민들레꽃〉 전문

일반에게 알려진 지훈의 시와 비교할 때 이 시는 지나치게 서정적이어서 이질적이라고 느껴질지도 모른다. 그러나 이 시를 읽을 때 우리는 까닭 없는 외로움을 머금고 있는 순수 서정이 그의 시심의 근원에 자리 잡고 있음을 깨닫게 된다. 특히 마지막 결구 '그대 맑은 눈을 들어 나를 보느니'에서 우리는 화자가 작은 민들레꽃에 자기 자신을 투영시켜 순수한 서정적 자아의 명증한 내적 깊이를 보여주고 있다는 점에서 이 시는 서정시로서 남다른 공감력을 발휘하고 있다.

그러나 현실은 그로 하여금 이러한 세계에 오래 머물게 만들지 않았다. 그의 시심의 다른 쪽에 자리 잡은 유가적 우국충정의 열정이 그를 역사와 현실의 전면에 나서게 만들었던 것이다. 지성과 감성 사이의 모색과 갈등 이것이 지훈의 내적 고뇌였으며 이 상충되는 지향성이 그로 하여금 참담한 방황을 하게 만들었다고 해도 과언이 아니다.

> 지훈은 원래 정(情)적이면서도 지(知)적인 내지 사변적인 사람이었다. 그에 있어서 지정(知情)의 비중은 내 생각으로는 전자가 컸던 것이 아닌가 생각한다. 그가 습작기에 비교적 쓰라린 방황을 했다든가, 해방 후에는 시작에서보다도 평론 내지 학문적인 저술로 기울어진 것이라든가, 시에 있어서의 새로움 내지 현대성을 모색하느라고 내심으로는 유난히 고민한 것은 모두 그가 지적인 사람인데서 연유하는 것이다. 지훈은 시작에 있어서는 해방 전후를 통하여, 다시 말하면 그의 평생 동안 남달리 모색과 방황을 거듭한 시인이었던 것이다.[1]

이러한 김종길의 지적은 조지훈의 내면에 도사린 시적 방황과 모색을 적절하게 파악한 것이다. 특히 해방 전후하여 지훈의 시적 모색과 인간적 갈등이 깊이 충돌하고 있었다는 것은 지훈 시의 전개과정에 대한 김종길의 남다른 통찰이라고 여겨진다. 왜냐하면 6·25 종군 이후 지훈의 시회 참여는 소극적인 것에서 적극적인 것으로 강화되어 1950년대 말에는 자유당 정권의 부성을 박기 위해 민권수호 국민총연맹 중앙위원, 공명선거 전국위원회 중앙위원 등으로 활동하게 되는데 그것은 시인으로서의 활동이라기보다는 지성인으로서의 활동했기 때문

1) 김종길, 〈지훈 시의 계보〉, 《조지훈연구》(고려대출판부, 1978), 15쪽.

이다.

6·25 종군 체험이 주축을 이루는 시집 《역사 앞에서》(1959)는 이 시기 지훈의 적극적인 현실참여 의식을 반영한다. 〈잠언〉에서는 "사슴을 가리켜 말이라 하는 세상/보리를 콩이라고 짐짓 눈감으려는" 삐뚤어진 세태를 신랄하게 비판하며 사회정의의 실현을 요구한다. 나아가 1960년 고려대학교 학생들의 4·18의거를 다룬 〈늬들 마음 우리가 안다〉를 비롯하여 〈혁명〉, 〈사랑하는 아들딸들아〉, 〈터져오르는 함성〉 등 4·19를 전후하여 씌어진 시편들에서도 강렬한 역사의식이 시의 전면에 드러난다.

지훈의 이와 같은 면모는 우리 현대시에서 한용운이나 이육사의 저항시의 계보를 이은 것으로서 어떤 의미에서 지훈이 60년대 참여시의 선구자라고도 할 수 있는 근거가 되기도 할 것이다. 그러나 현실참여의 시들은 격정적이기는 하지만 관념적 서술과 구호의 나열로 그치는 경우도 많아 작품으로서 시적 완성도가 떨어진다는 약점도 가지고 있다.

60년대에 들어서서 지훈은 다양한 사회 학문 활동으로 인해 시 창작보다는 학구적 저술에 많은 힘을 기울인다. 《지조론》(1962), 《한국민족운동사》(1963), 《한국문화사서설》(1964), 《멋의 연구》(1964) 등이 그 성과이다. 그런 까닭에 사변적인 성향이 가미되는 후기 시에 대해 부정적인 평가가 있는 것도 사실이다. 그러나 그의 후기 시편 중에서 1964년의 〈범종〉 그리고 1968년의 유고작 〈병에게〉 등은 지훈의 뛰어난 시적 역량이 후기까지 멈추지 않고 있음을 유감없이 보여주는 역작이다.

> 어딜 가서 까맣게 소식을 끊고 지내다가도
> 내가 오래 시달리던 일손을 떼고 마악 안도의 숨을 돌리려고 할 때면
> 그때 자네는 어김없이 나를 찾아오네.
>
> 자네는 언제나 우울한 방문객
> 어두운 음계(音階)를 밟으며 불길한 그림자를 이끌고 오지만
> 자네는 나의 오랜 친구이기에 나는 자네를
> 잊어버리고 있었던 그 동안을 뉘우치게 되네

자네는 나에게 휴식을 권하고 생(生)의 외경(畏敬)을 가르치네
그러나 자네가 내 귀에 속삭이는 것은 마냥 허무
나는 지그시 눈을 감고 자네의
그 나직하고 무거운 음성을 듣는 것이 더없이 흐뭇하네

내 뜨거운 이마를 짚어주는 자네의 손은 내 손보다 뜨겁네
자네 여윈 이마의 주름살은 내 이마보다도 눈물겨웁네
나는 자네에게서 젊은 날의 초췌한 내 모습을 보고 좀더 성실하게 성실하게 하던
그날의 메아리를 듣는 것일세

—〈병에게〉 첫 부분

이 시에서 읽을 수 있는 달관의 자세는 거짓도 과장도 없다. 느리지만 담담한 서술로 인해 병고를 친구로 삼아 이겨내려는 시인의 의지가 감동적으로 읽힌다. 자신의 삶을 총체적으로 돌아보는 관조적 자세는 나직하고 무거운 음성으로 들려온다. 〈승무〉에서 말한 바 그대로 세사와 병고를 이겨내고 번뇌를 별빛처럼 깨달은 것이다. 삶과 죽음을 초월하는 이 지점에 도달한 것이 지훈 시의 마지막 종착점이다.

전체적으로 보아 지훈의 시에는 자연과 인간, 역사와 현실에 대한 폭넓은 관심이 나타나며, 고전적이고 전원적인 동시에 사회적인 상상력이 광범위하게 작용한다. 그러나 무엇보다도 그의 시사적 위치를 확고하게 한 것은 민족어 완성을 위한 노력과 그 결과로 이룩된 고전적인 명편들이다. 지훈은 1920년대의 한용운이 부여주었던 유가와 불가를 아우르는 지사정신과 1930년대 정지용이 확립시킨 현대적이며 고전적인 시적 감각을 이어나가 1946년의 《청록집》과 1952년 제2시집 《풀잎 단장》 그리고 1964년의 《여운》 등의 시집을 통해, 20세기 전반과 후반을 잇는 서정시의 정통성을 확립한 시인으로서 문학사적 의미를 갖는다. 결과적으로 볼 때 조지훈이 우리 현대시에 기여한 점은 소월과 영랑의 정감적 서정시의 계보를 이으면서도 한용운이나 이육사가 보여 준 지사적이며 남성적인 기개와 전통을 현대시에 불어넣은 것이다. 그것은 종전에 주류처럼 인식되던 여성적인 서정시에

남성적인 서정시의 입김을 불어넣었다는 시사적 의미를 갖는 것이라고 하겠다.

3. 순수 서정과 우리 시의 과제

《청록집》 발간 60주년을 맞아 지훈 시를 돌이켜 보니 새삼 순수시의 중요성을 되새겨 보게 된다. 그들의 시가 현실 도피적이라는 비판을 받기도 했었지만 특히 오늘날처럼 시적 혼란과 언어적 왜곡이 심화되는 상황에서 청록파의 순정한 서정시들이 지닌 기치를 새삼 음미해 보아야 한다는 것이다. 여기서 필자가 제안하고 싶은 것은 다음 두 가지다. 하나는 순수시 운동이 다시 시작되어야 한다는 것이요, 다른 하나는 디지털 시대를 위해 시적 정통성이 확립되어야 한다는 것이다. 물론 이 양자는 분리된 것이 아니다. 우선 순수시에 대한 지훈의 주장을 되새겨 보자.

> 詩人은 먼저 民族詩를 말하기 전에 그냥 詩 자체를 알지 않으면 안 된다. 먼저 詩가 된 다음 그것이 민족시도 되고 세계시도 될 수 있는 것이므로 詩의 전통(傳統)이 확립(確立)되지 못한 이 땅의 詩가 民族詩로서 世界詩에 가담(加擔)하기 위하여서 먼저 일어날 것은 순수시운동(純粹詩運動) 아닐 수 없다. 純粹詩의 運動은 곧 詩의 본질적(本質的) 계몽운동(啓蒙運動)인 동시(同時)에 그의 발전(發展)이 民族詩의 수립(樹立)이기 때문이다.[2]

좌우의 대립이 백가쟁명으로 격화되었던 해방시단에서 우리 시의 진로를 위해 그 시적 지향점을 밝힌 위의 글은 주변의 분위기에 좌우되지 않고 시의 정도를 확고하게 설파했다는 점에서 역사적 의의를 갖는다. '순수시/민족시/세계시'를 하나의 범주로 포착하여 시 그 자체에 논의의 중점을 두었던 것은 사회적 기류나 정치적 혼란에 흔들리지 않고 중심을 지키려는 그의 주체적 시학에 대한 확신을 말해주는 것이다.

이러한 관점에서 《청록집》 60주년을 맞이하여 무엇보다 우리가 먼저 생각해 보

2) 조지훈, 〈순수시의 지향—민족시를 위하여〉, 《백민(白民)》(1947년 3월).

아야 할 것은 새로운 순수시 운동이다. 순수시 운동을 현실 도피라고 주장하는 것은 민중운동의 시대가 지나간 지금의 시점에서 돌이켜 보면 어떤 정치적 목적의식이 가미된 주장이었다고 할 수 있을 것이다. 또한 문단의 일각에서 유행하는 찰나적이고 엽기적이며 도착된 성의식에 근거한 밀폐된 자의식의 시는 우리 시의 미래를 더욱 암담하게 만든다. 시적 진정성과 순수성을 찾지 못한다면 시에 대한 독자들의 관심은 더욱 다른 곳을 향하고 말 것이다. 최근 문단에서 왕성하게 거론되는 미래파의 시에 진정한 의미의 미래가 없다는 것은 한국시의 미래를 위한 고언이라는 점을 말해 두고 싶다. 미래파라고 지칭되는 시인들의 시에 사회적 변화와 문단적 징후가 강하게 반영되어 나타나고 있다는 점은 부인할 수 없다. 그러나 그들의 시가 현재의 우리 시 전체를 대변한다고 할 수는 없다.

다음으로 《청록집》 100주년을 맞이하면 어떤 일이 일어날까 하는 의문이 제기된다. 디지털 시대는 더욱 심화되어 누구도 시를 읽지 않는 시대가 되어 있을지도 모른다. 어쩌면 복제 인간이 거리를 활보하고 있을 것이다. 그러나 여기에 중요한 쟁점이 하나 담겨 있다. 인간이 인간으로서 세상을 살고 있다면 그러한 세상에는 시가 절대적으로 필요불가결하다는 것이다. 시는 인간이 인간으로 존재한다는 중요한 징표이다. 시가 사라지면 인간의 인간적인 면은 지상에서 사라지고 말 것이다. 오늘의 시적 상황은 이런 상황을 더욱 부채질하고 있다는 느낌을 부인하기 어렵다. 시를 일회용 소모품으로 취급하거나 시의 위의를 격하시키는 일을 시인들 자신이 행하고 있다. 이러한 일종의 자해 행위는 시적 정통성이 흔들리는 상황에서 더욱 발호할 것이다. 시적 정통성의 확립이야말로 그러한 혼란을 극복하게 만들어 줄 것이다. 순수 서정시를 통한 시적 정통성의 확립은 해방시단의 과제이기도 했으며 오늘의 과제이기도 하다. 청록파의 시적 정통성은 지용시로부터 발원하는 20세기 한국 현대시의 핵심적인 명제이며 거슬러 올라가면 한용운 그리고 황매천의 시로부터 제기된 시적 명제의 황금 부분이기도 하다.

청록파의 문학사적 의미는 20세기 한국 현대시의 핵심적인 명제들을 20세기 중반에 작품으로 입증했다는 것이며 그들의 시가 아직도 사람들의 심금을 울리며 빛을 발하고 있다는 점일 것이다. (2006)

청록파의 문학사적 의미망

1. 청록파의 문학사적 의미

《청록집》 발간 60주년을 맞아 2006년에 발표한 〈청록파 조지훈의 시적 계보와 역정〉에서 필자는 청록파의 문학사적 의미를 다음과 같이 말한 바 있다.

> 1946년 《청록집》이 발간되었다. 그것은 오늘에 돌이켜 보면 문학사적 사건이다. 박목월, 박두진, 조지훈 등 약관의 세 시인이 합동으로 간행한 이 시집은 해방 직후의 정치적 소용돌이 속에서 순수 서정의 세계에 대한 탐구를 보여주었다는 점에서 문단의 주목을 받았다. 김동리는 '자연의 발견'이라는 관점에서 이들의 시를 요약하였는데 이는 이들의 시가 지닌 특징을 집약적으로 나타낸 것이라

해도 과언이 아니다. 그런데 이들 세 시인이 형상화한 자연은 김소월이나 한용운이 보여 준 세계와는 다른 것으로서 그것은 어디까지나 인간의 삶을 통해 재해석된 자연이며, 그 자연을 새롭게 보는 인간적 서정의 표현이라고 하겠다.

이들 세 시인이 합동으로 시집을 냈다고 하더라도 그들의 시세계는 서로 다른 성향을 가지고 있다고 하겠는데 박목월의 향토적 서정, 박두진의 묵시론적 비전, 조지훈의 회고취미와 선감각 등으로 설명된다. 그러나 그들이 공통적으로 추구하는 것은 세속의 명리나 현실에의 집착이 아니라 인간의 순수한 감정을 고도로 조탁된 언어로 표현하고 있다는 점에서 남다른 시사적 의미를 갖는다고 하겠다.

위의 발언은 김동리(1947)의 견해를 발판으로 청록파의 문학사적 의미를 개진한 것으로써 청록파로 지칭되는 세 시인의 개별적 특성도 아울러 지적한 것이다. 그 후 필자는 〈시문학파와 정지용〉이란 소론에서 아래와 같은 시각을 펼친 바 있다. 이는 종전의 논의를 좀 더 확장한 것으로 20세기 전반의 시문학파와 20세기 후반의 청록파를 연결시켜 그 문학사적 의미를 조망한 것이다. 후자에 이르러 청록파의 문학사적 의미망을 조망하는 필자의 시각이 20세기 전반으로 확대되었던 것이다.

청록파가 시문학파의 후계자라고 말할 수 있는 것은 그들이 단순히 정지용의 추천으로 문단에 등단했다는 것만을 염두에 두기 때문은 아니다. 시적인 지향점에서 그들의 문학적 의미가 시문학파의 정신적 후계자로서 연속되기 때문이다. 다시 말하면 박두진은 정지용의 산문시체와 종교적 신앙시를, 조지훈은 박용철의 유기체적 시론과 정지용의 고전적 취향을, 박목월은 김영랑의 음악성과 향토적 요소를 발전시켰다고 보는 것이다. 한 예를 들어 박용철의 비평 〈시적 변용에 대해서〉는 조지훈의 《시의 원리》(1959)에 이르러 체계화되었다는 것이다. 물론 시적 개성이나 특징들은 기본적으로 청록파 개개인의 기질이나 취향으로부터 형성된 것이지만 시문학파가 이루어 놓은 문학적 성과를 전제하지 않고서는 그들의 길을 전진적으로 개척해 나가기 힘들었을 것이다.

20세기의 문학사에서 청록파를 돌이켜 보고 다시 20세기가 10년여 지난 2016년 청록파의 문학사적 의미를 구상하게 되니 청록파의 문학사적 파장이 앞으로 지속적 생명력을 가질 것이라는 예감을 피할 수 없다. 또한 조지훈의 거처였던 성북동에서《청록집》발간 70주년 행사를 한다고 하니 청록파의 문학사적 의미를 조망하는 동시에 조지훈을 중심으로 박목월과의 관계를 떠올리게 된다. 조지훈의 자필 이력서에 의하면 그는 성북동 60번지 44호에 거주한 것으로 되어 있는데 그는 당호를 "방우산장(放牛山莊)"이라 명명했는데 이는 북쪽 성곽 부근에 있는 한용운의 "심우장(尋牛莊)"을 다분히 의식한 이름이다. 조지훈의 초기 시편은 물론 후기의 대표작 〈범종〉과 〈병에게〉를 이곳에서 창작했다는 사실도 중요한 일이라 하지 않을 수 없을 것 같다. 박목월과 조지훈의 인간적 인연은 경주에서 시작하여 결국은 성북동에서 마무리되는 등 청록파의 중요한 산실이 성북동이기 때문이다.

2. 〈완화삼〉과 〈나그네〉의 발신과 수신

정지용의 추천으로 1940년 문단에 갓 등단한 조지훈과 박목월은 식민지 말기의 혹독한 현실 앞에서 당장 눈앞의 내일을 예측할 수 없는 상황에 처해 있었다. 이 막막한 심정을 호소하기 위해 조지훈은 생면부지의 박목월에게 편지를 보냈고 이에 화답하는 목월의 편지로 인해 조지훈은 어느 봄날 불현듯 경주를 방문하게 되었다. 1942년 봄 목월은 '조지훈'이란 이름을 크게 써서 경주역에서 지훈을 맞이했고 지훈은 한 달 정도 경주에 체류하면서 불국사, 석굴암 등을 탐방하고 신라의 옛 문화에 깊이 침잠하는 시간을 가졌다.

경주를 방문하고 고향으로 돌아간 조지훈이 먼저 목월에게 시를 써 보냈다. 식민지 말 낙백한 청년 시인 조지훈의 고뇌가 담긴 〈완화삼(莞花衫)〉은 '목월에게'라는 부제가 붙어 있어 발신자와 수신자가 분명하다.

차운 산 바위 위에 하늘은 멀어

산새가 구슬피 울음 운다.

구름 흘러가는

물길은 七百里
나그네 긴 소매 꽃잎에 젖어

술 익는 강마을의 저녁노을이여.
이 밤 자면 저 마을에

꽃은 지리라.
다정하고 한 많음도 병인 양하여

달빛 아래 고요히 흔들리며 가노니 …….

—〈완화삼〉 전문

1942년 봄 두 시인의 만남 직후에 지훈은 〈완화삼〉을 썼을 것으로 짐작되며 당시 목월에게 편지로 보냈을 터이나 지면에 발표하지 못하고 있다가 결국 광복 다음 해인 1946년 5월 《상아탑》에 발표했다. 이 시가 단순히 울분을 토로한 시로 그치는 것이 아니라 문학사적 의미를 갖게 된 것은 박목월의 화답시 〈나그네〉가 있기 때문이다.

강나루 건너서
밀밭 길을

구름에 달 가듯이
가는 나그네

길은 외줄기
南道 三百里
술 익는 마을마다

타는 저녁 놀

구름에 달 가듯이
가는 나그네.

—〈나그네〉 전문

박목월은 이 시가 조지훈의 〈완화삼〉 답가임을 말하기 위해 '술 익는 강마을의/저녁노을이여'라는 명구를 부제로 인용하고 있다. 시각적 후각적 이미지의 탁월한 결합으로 높은 형상성을 보여주는 이 구절은 분명 뛰어난 언어 능력을 나타내고 있는 것이라고 하겠다. 조지훈의 우정이 넘치는 시를 보고 연상 작용을 일으켜 박목월이 〈나그네〉를 썼다는 것도 기록할 만하다. 이 두 편의 시는 시적 순도로 보아도 매우 높은 경지에 있으며 청록파 조지훈과 박목월의 우정을 매개로 하고 있다는 점에서도 눈여겨보아야 할 작품임에 틀림없다.

3. 청록파 조지훈의 〈범종〉 그리고 유고작 〈병에게〉

광복의 소용돌이 그리고 6·25의 처참한 현장을 경험하고 자유당 정권마저 4·19로 무너진 다음 60년대에 들어서자 조지훈은 시 창작이나 현실참여보다는 학구적 저술에 많은 힘을 기울인다. 《지조론》(1962), 《한국민족운동사》(1963), 《한국문화사서설》(1964), 《멋의 연구》(1964) 등이 그 주요한 성과이다. 다시 말하면 한국학 진흥의 선구자가 된 것이다. 그런 까닭에 후기 시가 부진하다는 평가가 일부 있는 것도 사실이다. 그러나 그의 후기 시편 중에서 1964년의 〈범종〉 그리고 1968년 5월 작고 후 발표된 〈병에게〉 등은 지훈의 뛰어난 시적 역량이 후기까지 지속되었음을 유감없이 보여주는 역작이다. 이 두 편의 시가 모두 성북동에 거주하면 기간에 창작되었다는 것도 여기서는 간과할 수 없다.

무르익은 과실이
가지에서 절로 떨어지듯이 종소리는

허공에서 떨어진다. 떨어진 그 자리에서
종소리는 터져서 빛이 되고 향기가 되고
다시 엉기고 맴돌아
귓가에 가슴 속에 메아리치며 종소리는
웅 웅 웅 웅……
심십삼천(三十三天)을 날아 오른다 아득한 것.

종소리 위에 꽃방석을
깔고 앉아 웃음짓는 사람아
죽은 자가 깨어서 말하는 시간
산 자는 죽음의 신비에 젖은
이 탱하니 비인 새벽의
공간을
조용히 흔드는
종소리
너 향기로운
과실이여!

—〈범종〉 전문

1964년에 간행된 시집 《여운》에 수록된 이 시에는 범종의 소리가 무르익은 과실로 자연스럽게 표현되어 있다. 청각을 향기로 표현하기 위해 오랜 인간적, 시적 침잠의 시간이 있었을 것으로 짐작되는데 아마도 오대산 월정사 시절의 선방 체험이 무르녹아 소리와 향기로 되살아났다고 본 수 있을 것이다. 여기에는 생사의 고뇌를 넘어서는 사유와 이를 받아들이는 무르녹은 인생 경험이 모두 자연스럽게 발효되어 새벽의 공간을 형성하고 있다는 점에서 한국 불교시의 한 형이상을 유감없이 나타내고 있다고 보아도 무리가 없다.

60년대 중반 이후 조지훈은 지병에 시달리고 있었다. 특히 기관지 계열의 병이 심해져 있었다고 한다. 그의 유고작 〈병에게〉는 지병의 고통을 끌어안고 살아야 하는 자신의 마음을 위로하면서 이를 넘어서는 초탈의 경지를 보여주고 있다는 점에서 주목되는 작품이다.

어딜 가서 까맣게 소식을 끊고 지내다가도
내가 오래 시달리던 일손을 떼고 마악 안도의 숨을 돌리려고 할 때면
그때 자네는 어김없이 나를 찾아오네.

자네는 언제나 우울한 방문객
어두운 음계(音階)를 밟으며 불길한 그림자를 이끌고 오지만
자네는 나의 오랜 친구이기에 나는 자네를
잊어버리고 있었던 그 동안을 뉘우치게 되네

자네는 나에게 휴식을 권하고 생(生)의 외경(畏敬)을 가르치네
그러나 자네가 내 귀에 속삭이는 것은 마냥 허무
나는 지그시 눈을 감고 자네의
그 나직하고 무거운 음성을 듣는 것이 더없이 흐뭇하네

내 뜨거운 이마를 짚어주는 자네의 손은 내 손보다 뜨겁네
자네 여윈 이마의 주름살은 내 이마보다도 눈물겨웁네
나는 자네에게서 젊은 날의 초췌한 내 모습을 보고 좀더 성실하게 성실하게 하던
그날의 메아리를 듣는 것일세

—〈병에게〉 첫 부분

이 시에 나타난 지훈의 초탈한 자세는 달관에 가까운 것으로서 거기에는 거짓도 허세도 없다. 느리지만 담담한 서술로 인해 병고를 떨쳐버리는 것이 아니라 이를 달래고 어루만져 친구로 삼아 생을 살아가는 시인의 의지가 감동적이다. 자신의 삶을 총체적으로 회고하고 이를 돌아보는 관조적 자세는 나직하고 음울한 어조로 들려온다.

초기작 〈승무〉에서 처음 말한 바 그대로 파란만장한 세사와 더불어 오랜 병고

를 이겨내고 인간의 번뇌를 별빛으로 깨달은 생의 외경에 대해 이 시가 나지막하게 말하고 있다는 점에 우리는 주목해야 할 것이다. 이것이 만년의 지훈 시를 대표하며 이는 그의 서정시가 도달한 정점이자 마지막 귀결점이다.

4. 청록파와 백 년 후 서정시

이 글의 서두에서 인용한 것처럼 《청록집》 60주년을 기념하는 자리에서 필자는 다음과 같은 전망을 던져본 적이 있다. 이는 다시 말하면 시의 미래와 인간의 미래를 조망하면서 시의 위기를 동시에 지적한 것이다.

> 《청록집》 100주년을 맞이하면 어떤 일이 일어날까 하는 의문이 제기된다. 디지털 시대는 더욱 심화되어 누구도 시를 읽지 않는 시대가 되어 있을지도 모른다. 어쩌면 복제 인간이 거리를 활보하고 있을 것이다. 그러나 여기에 중요한 쟁점이 하나 담겨 있다. 인간이 인간으로서 세상을 살고 있다면 그러한 세상에는 시가 절대적으로 필요불가결하다는 것이다. 시는 인간이 인간으로 존재한다는 중요한 징표이다. 시가 사라지면 인간의 인간적인 면은 지상에서 사라지고 말 것이다. 오늘의 시적 상황은 이런 상황을 더욱 부채질하고 있다는 느낌을 부인하기 어렵다. 시를 일회용 소모품으로 취급하거나 시의 위의를 격하시키는 일을 시인들 자신이 행하고 있다. 이러한 일종의 자해 행위는 시적 정통성이 흔들리는 상황에서 더욱 발호할 것이다. 시적 정통성의 확립이야말로 그러한 혼란을 극복하게 만들어 줄 것이다. 순수 서정시를 통한 시적 정통성의 확립은 해방 시단의 과제이기도 했으며 오늘의 과제이기도 하다. 청록파의 시적 정통성은 지용시로부터 발원하는 20세기 한국현대시의 핵심적인 명제이며 거슬러 올라가면 한용운 그리고 황매천의 시로부터 제기된 시적 정체의 황금 부분이기도 하다.

《청록집》 70주년을 맞아 이를 다시 생각해 보니 위에서 말한 필자의 의문이 좀 더 심화되었다고 말하지 않을 수 없다. 특히 인공지능이 세상을 지배하리라는 예측이 우리를 더욱 우울하게 만든다. 앞으로 인공지능이 눈부시게 발전할 것이며 바둑만이 아니라 피아니스트, 변호사, 의사는 물론이고 시를 쓰는 인공지능이 탄생하리라는 전망도 우세하다. 인공지능의 영역이 확장될수록 인간의 영역은 좁혀지리라고 판단되는데 여기서 역설적인 것은 그로 인해 오히려 인간적인 것에 대한 갈망도 증폭되리라는 것이다.

기술문명이 첨단적으로 발전해 갈수록 인간은 치유 불가능한 정신적 질병에 시달릴 것이며 이를 치유하는 힘은 문화예술로부터 나올 것이다. 그런 점에서 볼 때 청록파가 보여준 수수서정시는 더욱 빛을 발하게 될 것이며 그 결과 청록파의 생명력 또한 더 크게 자리 잡을 것이다. 인간이 시를 포기하지 않는 한 한국인들에게 청록파의 시는 영원한 마음의 고향으로 살아 있을 것이라 여겨지며 조지훈의 시는 창작의 산실인 성북동과 더불어 꺼지지 않는 생명력을 가질 것이다. 어찌 보면 성북동이야말로 한용운, 조지훈 등은 물론 김환기, 김용준 등 한국 근대 화가들의 고향이기도 하다. 근대문화의 본향으로 성북동을 발전·승화시키는 것은 후인들의 당연한 과업이다. 《청록집》 70주년을 계기로 이런 운동이 성북동에서 왕성하게 펼쳐져 나가 성북동이 한국의 명소가 되기를 소망한다.(2016)

문사의 길 또는 정신사의 높이

1. 우리 곁에 영원히 살아 있는 인간 조지훈

조지훈 선생과 필자와의 인연은 실낱과 같다. 1966년과 1967년과 대학 시절 〈문학개론〉과 〈시론〉 두 과목을 수강한 기회가 있었지만, 이미 지병이 심화된 지훈은 거의 강의를 제대로 진행할 수 없었다. 한 학기에 두어 번 출강하여, 우람한 체구에서 흘러나오는 목소리와 더불어 창밖의 먼 곳을 바라보는 시선으로 이제 막 알 수 없는 문학의 길을 가려는 우리에게 선가의 가르침처럼 침묵했을지 모른다.

지훈 선생의 지병이 악화되었다는 사실을 잘 모르고 있던 학생들에게는 갑작스럽게만 느껴지던 부음이 날아온 어느 늦은 봄날, 지훈은 우리들 곁을 떠났다. 먹구름이 짙게 드리운 날 거행된 영결식에서 큰 키의 청록파 박목월 시인이 음울한 목소리로 읽던 조시를 먼발치에서 망연히 바라보고, 마석역 너머의 산등성이에 자리 잡은 묫자리에 봉분이 다져지는 것을 바라보았다. 당시 문과대학에 재직 중이던 왕학수 교수가 뚝뚝 떨어지는 눈물을 주먹으로 씻으며 토로하던 비통한 고별사를 두근거리는 마음으로 들었다. 죽음이란 무엇인가 미처 깊이 생각해 볼 겨를도 없이 서둘러 국밥을 먹고 학교 버스를 타고 산소에서 돌아온 것이 지훈에 대한 직접적인 추억의 거의 전부이다.

그러나 지훈은 우리의 곁을 떠나지 않았다. 시를 공부하고 시를 쓰겠다던 나의 방황은 그때부터 시작되었지만, 내가 만날 수 있었던 많은 분들에게 지훈은 경모의 대상으로 떠올려졌다. 거의 같은 시기 대학원을 다녔던 바로 윗학번 김명인, 김인환 등은 물론이고 오탁번, 서종택 그리고 거슬러 올라가 박노준, 인권환, 홍일식 등 선배 교수들에 의해 지훈은 어두운 죽음의 베일에서 호명되어 우리와 자리를 함께하였다. 때로는 지훈을 고려대학교로 초빙하는 데 일조를 했다는 김종길 선생에게서도 지훈의 이야기는 간헐적으로 흘러나왔다. 동국대학 졸업생들에게서 그리고 문단의 여러 선배 시인들에게서 또한 서울대학은 물론 국내 여러 대학의 석박사 논문에서도 지훈의 문학이 주제가 되기도 하였다. 지훈에 대한 이야기는 좁은 안암동 골짜기만이 아니라 전국 도처에서, 사회의 각계각층에서 듣게 되었다. 그리고 최근 그의 목소리는 우리에게 더 크게 울려 퍼지고 있다.

왜 그러할까. 이러한 의문은 쉽게 풀리지 않았다. 지훈의 시를 읽고 논설을 읽어도 쉽게 납득되지 않았다. 그러나 지난해 나남출판사에서 간행된 《조지훈 전집》 9권을 접하고 나서야 필자는 어렴풋이 그 이유를 알게 되었다.

2. 지훈은 하나의 커다란 산맥이다

시인 지훈, 학자 지훈, 논객 지훈 이 중 어느 하나도 빠질 수 없는 것이 인간 조지훈이다. 이 점에서 지훈은 동세대의 다른 시인들과 확연히 구분된다. 오히려 지훈적 인간상은 더 거슬러 올라 만해 한용운에게서 어떤 예를 찾을 수 있을지도 모른다. 시인, 학자, 논객 이 셋을 하나로 아우른 전인적 인간상으로서 지훈의 남다른 특징이 여기서 부각되기 때문이다.

시를 다루는 언어적 장인술이나 지식만을 포함한 직업적 전문성 그리고 재빠른 변신을 일삼는 사회적 처세술만을 가지 사람들과 지훈은 격이 다른 존재였다. 세기말의 과도기적 혼란이 가중될수록 사람들은 이 시대를 밝혀줄 등불로서 스승을 찾기 마련이다. 그러나 시인들은 언어적 연금술에 골몰하고 지식인이나 교수들은 지식의 바겐세일을 일삼고 사회지도층 인사들은 시세에 따라 자신의 이익을 뒤쫓는 변신을 거듭하기에 영일(寧日)이 없는 것은 아닐까. 이러한 사회문화적 상황을 인식했음인지 《조지훈 전집》(나남, 1996)의 편집위원들은 그 〈서문〉을 다음과 같이 기술하고 있다.

> 지훈(芝薰) 조동탁(趙東卓, 1920-1968)은 소월(素月)과 영랑(永郎)에서 비롯하여 서정주(徐廷住)와 유치환(柳致環을) 거쳐 청록파(靑鹿派)에 이르는 한국 현대시의 주류를 완성함으로써 20세기의 전반기와 후반기를 연결해 준 큰 시인이다. 한국 현대문학사에서 지훈이 차지하는 위치는 어느 누구도 훼손하지 못할 만큼 확고부동하다 (…) 지훈은 항상 현실을 토대로 하여 사물을 구체적으로 파악하려 하였고 멋을 척도로 하여 인간을 전체적으로 포착하려 하였다. 지훈은 전체가 부분의 집합보다 큰 인물이었다. 지훈의 면모를 알기 위해서는 그의 전체상을 살펴볼 필요가 있다. 한국의 현대사를 연구하려는 사람은 반드시 먼저 한국현대정신사의 지형을 이해해야 한다. 우리는 지훈의 전집이 한국현대정신사의 지도를 완성하는 데 기여하리라고 확신하고, 지훈이 걸은 자취를 따르려는 사람들뿐 아니라 지훈을 비판하고 극복하려는 사람들에게도 지훈의 전모를 객관적으로 인식할 수 있게 해야 한다고 생각하여 오래전에 절판된 전집을 편찬하기로 하였다.
>
> —〈서문〉, 《조지훈 전집》

지훈은 항상 현실을 토대로 할 뿐 아니라 그것을 넘어서는 멋을 척도로 하여 그 인간의 전체상을 파악하려 하였다. 지훈은 다양한 여러 측면을 하나로 아우르는 전인적 인간이었다. 지훈의 인간적 면모를 이해하기 위해서는 어떤 부분이 아니라 그의 전체상을 바라볼 필요가 있다. 이는 지훈이 걸은 길을 하나의 모범으로 삼으려 하는 사람들뿐만 아니라 지훈을 비판하고 극복하려는 사람들에게도 지훈의 전모를 객관적으로 인식할 수 있게 하기 위해서는 그 전집을 통해 살펴보아야 할 것이다.

3. 역사적 교훈이자 삶의 지혜인 〈지조론〉과 〈의기론〉

《조지훈 전집》을 전체적으로 살펴보면 그 〈서문〉에서 말한 것처럼 지훈은 '한국현대정신사의 지형'을 이해하기 위해 거쳐야 할 필수 관문 중의 하나라고 할 수 있다. 특히 사회·문화적 혼란은 물론 정치적 난맥상이 두드러진 시대에 우리의 갈 길을 바로잡기 위해 조지훈의 명문장 〈지조론〉을 읽는 것은 혼탁한 세태에 한 줄기 맑은 샘물을 찾는 마음에서 비롯되는 일일 것이다.

> 지조(志操)란 것은 순일(純一)한 정신을 지키기 위한 불타는 신념이요, 눈물겨운 정성이요, 냉철한 확집(確執)이요, 고귀한 투쟁이기까지 하다. 지조가 교양인의 위의(威儀)를 위하여 얼마나 값지고 그것이 국민의 교화에 미치는 힘이 얼마나 크며, 따라서 지조를 지키기 위한 괴로움이 얼마나 가혹한가를 헤아리는 사람들은 한 나라의 지도자를 평가하는 기준으로서 먼저 그 지조의 강도(强度)를 살피려 한다. 지조가 없는 지도자는 믿을 수가 없고 믿을 수 없는 지도자는 따를 수가 없기 때문이다. 자기의 명리(名利)만을 위하여 그 동지와 지지자와 추종자를 일조(一朝)에 함정에 빠뜨리고 달아나는 지조 없는 지도자의 무절제와 배신 앞에 우리는 얼마나 많이 실망하였는가.
>
> —〈지조론〉, 《새벽》(1960. 3.)

'지조는 선비의 것이요, 교양인의 것이다'라는 조지훈의 명제는 한국의 유가적 전통의 황금 부분을 그대로 적시한 것이다. 지훈은 권모술수에 능한 직업 정치인보다 품격의 정치지도자를 국민 전체가 충정으로서 대망하고 있음을 위의 글에서 강조하고 있다. 장사꾼이나 창녀에게 지조를 바라는 것이 아니라 선비와 교양인과 지도자의 절대 덕목이 지조이라는 것이다.

이 글이 발표된 시기를 고려할 때 우리는 다음과 같은 가정을 설정해 볼 수 있다. 자유당 정권이 말기적 증세를 드러내고 있을 무렵 일부 사회지도층 인사들이 썩은 고기를 탐하듯 권력에 아부하고 굴종하는 것을 통렬히 비판한 것이라는 점이다. 여기서 우리는 부당한 정책에 굴하지 않는 지훈의 날카로운 지성을 엿볼 수 있다.

권력에 굴하지 않는 신념으로 '지조'의 중요성을 설파한 지훈은 한 정권의 말기적 파행성을 사심 없이 지적했음은 물론이거니와 여기서 우리는 4·19를 예감하는 지훈의 역사적 선견지명의 일단을 읽을 수 있다.

지훈은 이에 머무르지 않고 여기에서 한 걸음 더 나아가 그의 〈의기론〉에서 고사지도(高士之道)와 치자지도(治者之道)를 다음과 같이 밝히고 있다.

> '심장이불시(深藏而不市)'는 동양의 고사(高士)가 지켜온 신조이다. 나는 이런 재주가 있노라고 자가 선전의 기치를 들고 날뛰는 양풍(洋風)의 현대 지식인의 눈으로 본다면 재주를 깊이 감추어 놓고 팔지 않는다는 것은 한갓 바보로밖에 보이지 않을 것이다. 그러나 경륜과 포부를 지닐 뿐 저자에 내놓고 팔지 않는 것은 '도광양덕(韜光養德)'의 아름다운 마음씨임에 틀림없다. 빛을 감추고 덕을 기른다는 것은 옥에 흙을 묻혀 들에 버려진 것을 아는 사람은 안다는 것이다.
>
> 그러기에 동양의 정치는 '야무유현(野無遺賢)'을 이상으로 삼는 것이 아닌가. 경륜이 있는 자는 스스로 감추지만 현명한 치자(治者)는 그를 찾아내야 하고 끝내 찾고야 마는 것이다. 그러므로 유능하고 경륜있는 사람을 초야에 묻혀 썩게 하고 아첨하는 소인배(小人輩)만을 등용하는 치자(治者)는 망하고 마는 것이 아닌가.
>
> —〈의기론〉, 《국민일보》(1961. 7. 3.)

거의 40여 년 전에 발표된 〈지주론〉과 〈의기론〉을 음미하며 읽을 때 우리는 어떤 숙연함을 느끼지 않을 수 없다. 지금의 사회문화적 상황은 이보다 악화되면 악화되었지 크게 개선되었다고 여겨지지 않기 때문이다. 지훈의 식견과 논리가 아직도 빛을 발하는 것은 불행한 일인지도 모른다. 그러나 물질만능의 기계문명이 극단적으로 추구될수록 한 인간으로서의 품격은 물론 교양인으로서 위의가 절실히 요구된다는 점에서 지훈의 논설은 우리에게 시대의 바른 길을 가르쳐 주는 것이라 하지 않을 수 없다.

선비의 바른 길, 교양인의 바른 길은 실로 인간이 가져야 하는 인간으로서의 품격을 갖추게 만드는 것이 아닐까 한다. 시 또한 그러할 것이다. 시의 바른 길은 시인의 바른 길과 서로 분리된 것이 아니다. 시를 공부해 보려 한 나에게 지훈이 강렬하게 미친 영향이 바로 그것이다. 시의 바른 길을 구상한다는 것은 시인으로서 바른 길을 가야 한다는 것과 다르지 않다. 1970-1980년대 좌우로 요동치던 과도기 상황을 살았던 필자에게는 더욱 그러했다. 이는 1940-1950년대의 격동기를 헤치고 나와 1950년대적 혼란상에 대성일갈한 지훈이 필자에게 남겨준 역사적 교훈이자 삶의 지혜일 것이다.

> 詩人은 먼저 민족시(民族詩)를 말하기 전에 그냥 詩 자체를 알지 않으면 안 된다. 먼저 詩가 된 다음 그것이 민족시도 되고 세계시도 될 수 있는 것이므로 詩의 전통(傳統)이 확립(確立)되지 못한 이 땅의 詩가 民族詩로서 世界詩에 가담(加擔)하기 위하여서 먼저 일어날 것은 순수시운동(純粹詩運動) 아닐 수 없다. 純粹詩의 運動은 곧 詩의 본질적(本質的) 계몽운동(啓蒙運動)인 동시(同時)에 그의 발전(發展)이 民族詩의 수립(樹立)이기 때문이다.
>
> —〈순수시의 지향—민족시를 위하여〉, 《백민(白民)》(1947. 3)

좌우의 대립이 극단적으로 격화되었던 해방 시단에 그 시적 지향점을 밝힌 위의 글은 시의 정도를 확고하게 설파했다는 점에서 역사적 문건이다. '순수시/민족시/세계시'를 하나의 범주로 포착하여 시 그 자체에 논의의 중점을 두었던 것은 사회적 기류나 정치적 혼란에 흔들리지 않는 그의 주체적 시학의 근거를 말해주는 것이라 하겠다.

4. 세계화의 시대 속에 우뢰처럼 울리는 지훈의 사자후

시인으로서, 학자로서, 논객으로서 지훈을 말함에 있어서 결코 빠뜨릴 수 없는 것은 그가 체현한 한국적 풍류와 멋이다. 그의 추상같은 논리의 이면에 있는 다정다

감하고도 따뜻한 그의 인간미를 간과한다면 우리는 살아 있는 인간 지훈을 놓치기 쉽다.

그가 마시는 것은 '삼도주(三道酒)' 이며 그가 거하는 곳은 '방우산장'이다. '삼도주'란 무엇인가. '중니(仲尼) 선생이 애써 가꾸신 쌀과 노담옹(老聃翁)이 손수 만든 누룩으로 실달다(悉達多) 상인(上人)이 걸어오신 샘물로 빚은 술'이 바로 삼도주라고 그는 말한다.

'방우산장'은 어디에 있는가. 오대산 월정사에 있었다고 하고 성북동에도 있었다 한다. 그러나 지금은 이 지상에서 소멸되고 저 지하의 이름 모를 나무뿌리에나 새겨져 있을 것이다. 지훈은 말하기를 '방우즉목우(放牛卽牧牛)'라고 했다. 소를 놓아주는 것이 소를 기르는 것이다. 어쩌면 무애인의 경지를 그 나름으로 표현한 것이 '방우(放牛)'이다. 만해 한용운 선생이 성북동에 '심우장(尋牛莊)'을 짓고 살았다면 지훈은 그 아래 방우산장을 짓고 또 허물었다. 오늘의 '방우산장'은 그의 전집 속에서나 찾을 수 있을 것이다. 지훈은 〈방우산장기〉에서 다음과 같이 말하고 있다.

> 나의 소는 어느 때든지 마침내 내 집으로 돌아오리라. 그러므로 떠나고 다시 오지 않는 새를 사랑한다. 소가 죽어서 새가 되었다고 생각할 수가 없다. 그러나 나의 소는 저 산새 소리를 따라서 어디론가 뛰어간 것에 틀림없다. 낙엽이 날리는 산장을 쓸며 나는 소를 기다리지 않고 시를 쓰며 산다.
>
> —〈방우산장기〉, 《신천지》(1953)

소는 떠나가고, 나는 떠나간 소를 기다리지 않는다. 언젠가 돌아올 것을 알기 때문이다. 소를 애써 기다리지 않고 시를 쓰며 사는 것이 탈속한 지훈의 삶이었고 생활의 멋이었다. 지훈 또한 오늘의 우리에게는 새 소리를 듣고 떠나간 소가 아니던가.

그 어느 때보다 스승이 그립고 진정한 선비가 그리워지는 시대이다. 지조의 강도를 실험해야 하는 시대일수록 불행한 시대일 것이다. 지훈 자신의 시대가 그러했던 것처럼 지훈과 같은 스승이 그리워지고, 그리하여 지훈의 글을 새롭게 읽는 시대 또한 불행한 시대이리라. 그러나 오늘의 우리는 불과 40여 년 전에 지훈이

외친 사자후를 커다란 산을 울리는 우레 소리처럼 다시 한 번 되새겨 보지 않을 수 없다.

'세계화의 시대'라는 허울 좋은 표어가 우리를 허전하게 하고, 정치적 사회적 상황의 난전이 우리를 우울하게 한다. 이제 '지훈학'의 탐구는 화석화된 과거를 위한 것이 아니라 오늘의 우리에게 절실하게 요구되는 민족 문화의 새로운 도약을 위해 넘어서야 할 하나의 난관임에 틀림없다.

지훈은 산장에 날리는 낙엽을 쓸었지만 오늘의 우리에게 지훈은 넘어서야 할 커다란 산맥으로 다가선다. 지훈을 타파하자. 신록이 푸르다. (《문학사상》 1997. 5.)

2부

조지훈의 문학사적 의미망

박목월과 조지훈의 만남

1. 머리말

1968년 5월 조지훈 선생의 영결식장에서 처음 조시를 읽는 침울한 목소리의 박목월을 처음 만났다. 절친한 시우의 죽음을 애도하는 그 목소리는 오랫동안 필자의 뇌리를 떠나지 않았고 이 일은 문학의 길에 첫 입문하려던 필자에게는 두고두고 잊히지 않는 사건이었다. 나중에 돌이켜 보니 박목월(1915-1978)과 조지훈(1921-1968)은 같은 경북 출신이며 유일무이의 벗이자 문학적 동지이다. 《문장》지에 정지용 추천으로 같은 시기에 추천받고 이어 1946년 《청록집》을 함께 간행했다는 점에서 두 시인의 문학적 인연은 보통의 범상한 것이 아니다. 그런데 두 시인의 인간적 교류는 《청록집》을 거슬러 올라가 등단 직후인 일제 말 대동아전쟁으로 인해 한 치의 앞도 내다볼 수 없는 막막한 시절 자신들의 울분과 고뇌를 서로 토로한 1942년의 만남으로부터 시작되었다는 사실에 주목할 필요가 있다.

1942년 봄 두 시인의 경주에서 만남은 운명적이었다. 두 시인은 불국사와 석굴암을 방문하고 경주 지역의 신라 문화재를 함께 답사했는데 이를 계기로 두 시인은 깊은 인간적 공감을 갖게 되었으며 상호 화답시를 주고받게 되었는데 이는 우리 문학사에서 기록될 만한 문학적 사건이다. 목월은 '조지훈'이란 이름을 크게 써서 경주역에서 지훈을 맞이했고 지훈은 경주에 한 달 정도 체류하면서 한국의 고대문화에 깊이 침잠하는 시간을 가졌다. 이 시기에 두 시인이 서로 나누어 가진 우정은 그냥 스쳐가는 것이 아니라 이 뛰어난 서정시로 창작되었으며 이 시편들은 이후에도 그들의 대표적인 작품 중의 하나가 되었다는 점에서 주목되어야 한다.

2. 〈완화삼〉과 〈나그네〉의 발신과 수신

먼저 목월에게 시를 보낸 것은 경주를 방문하고 고향으로 돌아간 조지훈이었다. 식민지 말 낙백한 청년 시인의 고뇌가 담긴 〈완화삼〉은 친한 벗인 '목월에게'라는 부제가 붙어 있어 발신자와 수신자가 표기되어 있다.

차운 산 바위 위에 하늘은 멀어

산새가 구슬피 울음 운다.
구름 흘러가는

물길은 七百里
나그네 긴 소매 꽃잎에 젖어

술 익는 강마을의 저녁노을이여.
이 밤 자면 저 마을에

꽃은 지리라.
다정하고 한 많음도 병인 양하여

달빛 아래 고요히 흔들리며 가노니…….

—〈완화삼〉 전문

〈완화삼〉은 1942년 봄 두 시인의 만남 직후에 썼을 것이며 발표 지면을 찾지 못하다가 결국 광복 다음 해에 발표되었을 것이다. 식민지 말기 전쟁의 소용돌이 속에서 앞길을 예측하지 못하는 지식 청년의 막막한 심정이 토로되어 있다. 그 막막한 심정을 지훈은 목월에게 호소한 것이다. 자신의 고뇌를 진정으로 알아줄 벗에게 이를 시로 써 보낸다는 것은 예로부터 전해 오는 참으로 아름다운 전통이라고 하지 않을 수 없다. 1946년 5월 《상아탑》에 발표된 것으로 보아 아마도 합동 시집 《청록집》 간행 직전에 발표되었으며 이 시에 대해 목월은 다음과 같이 화답했다.

강나루 건너서
밀밭 길을

구름에 달 가듯이
가는 나그네

길은 외줄기
南道 三百里

술 익는 마을마다
타는 저녁 놀

구름에 달 가듯이
가는 나그네.

—〈나그네〉 전문

1946년 6월 《청록집》에 수록된 〈나그네〉에서 박목월은 이 시가 조지훈의 〈완화삼〉 답가임을 말하기 위해 '술 익는 강마을의 / 저녁노을이여'라는 구절을 부제로 인용하고 있다. 분명 조지훈의 우정이 깃든 시를 보고 연상 작용을 일으켜 쓴 작품이라는 것을 알 수 있다.

오늘의 시각에서 본다면 표절을 운운할 수 있을지도 모르지만 이 시기에는 두 시인의 상호 인용을 상대방에 대한 깊은 인간적 신뢰감의 표현으로 보았을 것이다.

3. 불교적 형이상의 세계

자신의 고향 경주에 있는 불국사가 소재가 된 박목월의 명시가 〈불국사〉이다. 유년시절부터 살며 보았던 사찰이 시의 소재가 되어 자연스러운 그러나 시의 형식으로서는 매우 독특한 실험적인 형태로 표현된 것이 이 시이다. 이 시는 단순히 소재의 차원에서 벗어나 불교적 형이상의 세계를 보여주었다는 점에서 기념비적이다.

흰달빛
紫霞門

달안개
물소리

大雄殿
큰보살

바람소리
물소리
帆影樓

큰그림자

흐는히
젖는데

흰달빛
紫霞門

바람소리
물소리

—〈불국사〉 전문

1955년에 간행된 시집 《산도화》에 수록된 박목월의 〈불국사〉에 대해서는 필자는 다음과 같이 평한 바 있다. 이 시에서 두드러져 보이는 것은 그 형태미이다. 수직으로 직조된 것 같은 행간의 배치는 대체로 명사들이 중심이 되고 있으며 서술어들은 극도로 제한되어 있다. 3음절 내지 4음절이 한 행으로 모두 8연으로 구성된 이 시는 각 2연씩 4부분으로 나눌 수 있으며 이는 정확하게 기승전결의 형식을 취하는데 그 형태미에 변조를 가한 것이라고 할 수 있다.

서술어는 전결을 연결하는 6연의 '흐는히/젖는데' 뿐이다. 이 부분을 매개로 이 시는 달안개와 물소리에서 바람소리와 물소리로 전환되며 전체적으로 신비한 불국사의 전경이 떠오르게 되어 있다. 이 마지막 이미지를 부각시키기 위해 화자는 '범영루(泛影樓)'를 문자 그대로 해석하여 '뜬 그림자'로 풀이하고 있는데 이는 모든 것을 환영으로 보는 불교적 세계를 나타내는 데 기여하기도 한다.

다시 되풀이해 읽으면 눈에 두드러지는 시어가 '자하문(紫霞門)'이다. 서두의 제2행에 그리고 마지막 부분의 제14행에 이 시어가 반복되는데 이는 모두 '흰 달빛'이라는 수식어를 동반하여 시적 분위기를 형성하는 데 크게 기여한다. 자하문은 실제로 불국사에서 대웅전으로 들어가는 관문이며 불국토의 세계와 사바세계를 구분 짓는 문이기도 하다. 자하란 문자 그대로 풀이하면 '보랏빛 노을'이지만 전설에 의하면 신선이 사는 곳에 서리는 노을이기도 하며 부처의 몸에서 나는 광채이기도 하다. 여기서는 부처의 세계, 즉 부처님이 사는 세계로 들어가는 문이 자하문이라고 할 수 있다. 자하문을 들어서면 대웅전이 있고 그곳에 부처가 자리하고 있기 때문에 위의 3연에 보이는 시행들은 이를 사실적으로 나타낸다고 하겠다.

그런데 대웅전에 좌정한 큰 보살이 등장한 다음 '달안개/물소리'가 '바람소리/솔소리'로 전환된다는 점이다. '달안개/물소리'가 자하문 밖의 세계라면 '바람소리/솔소리'는 자하문 안의 세계이며 이는 불국토의 세계라고 구분해서 생각할 필요가 있다. 마지막에서 '바람소리/물소리'라고 하여 '바람소리'는 되풀이되지만 '솔소리'는 되풀이되지 않고 '물소리'로 끝맺고 있다는 것은 음미할 필요가 있다. 요는 제4행 물소리에서 제8행 솔소리 그리고 다시 제16행 물소리로의 전개는 일단 큰 보살을 매개로 솔소리로 바뀌었다가 다시 자하문을 매개로 물소리가 된다는 것이다. 불국사의 신비감을 시의 전면에 부각시킨 다음 다시 자하문 안과 밖을 하나로 소통하게 하는 표현이 '물소리/솔소리물소리'의 전개과정이라는 것이 필자의 해석이다.

이 시가 전체적으로 불국사 안의 불국토의 신비한 세계만을 표현하고 있다고 해석한다면 그것은 화자가 구사하는 미묘한 시점 변화를 파악하지 못하고 이 시를 단선적으로 보는 견해이다. 위에서 전체적으로 이 시의 형태미가 수직적이라고 말한 바 있는데 이 수직적 형태는 이 시의 시어들이 마치 자하문 안을 들어서면 막바로 대할 수 있는 석가탑을 연상시킨다는 점에 주목해야 할 것이라 생각한다. '일체 수사를 제하고 명사들로 축조된 언어의 석가탑을 그려 놓고자 한 것이 박목월이 시도한 야심적인 의도가 아닐까 한다.'고 이미 해석한 바(〈한국현대시와 불교 문화재〉, 2010) 있다.

여기서 강조하고 싶은 것은 이 시가 탑과 같이 수직적으로 조형되었다는 점이다. 그것은 전통적인 사찰에 조성된 탑의 형상이며 높은 곳을 지향하는 종교적인 상징성의 표현이기도 하다는 것이다.

오대산 상원사 체험이 소재가 된 조지훈의 명시가 〈고사 1〉이다. 고유명사로서의 사찰 이름이 표기되어 있지 않지만 조지훈이 월정사 외전 강사 시절의 체험이 시가 되었을 것이라 여겨진다.

木魚를 두드리다

졸음에 겨워

고오운 상좌 아이도
잠이 들었다

부처님은 말이 없이
웃으시는데

西域萬里ㅅ길

눈부신 노을 아래
모란이 진다

—〈고사 1〉 전문

1948년 6월 조지훈이 《동국》에 발표한 〈고사 1〉에 대해서 필자는 다음과 같이 말한 바 있다. '얼른 보아 절간의 일상사를 다룬 평범한 시처럼 보인다. 그러나 목어가 있고 상좌가 있으며 부처님이 있고 모란이 있다. 이 네 가지 소재를 가지고 간명하고 절제된 시가 씌어진 것이다. 목어를 두드려 물속에 사는 모든 생명체들에게 복음을 전하고 나니 상좌 아이는 졸음에 겨울 것이요, 그가 잠깐 졸고 있는 사이 법당 안의 부처님은 말없이 웃으시는데 그 웃음의 공간이 확장되어 서역 만리 길이 떠오르고 그 길에 환한 노을빛 아래 모란이 진다. 지금 여기에서 서역 만리 길 저쪽의 부처님이 동시에 공존하는 시의 세계를 열어 보여준 것이 이 시의 묘미이다. 이 시가 단순한 시가 아닌 것은 마지막 연에서 보여주는 시적 변전 때문이다. 그렇지 않다면 평범한 작품이 되고 말았을 것이다. 부처님의 웃음을 모란꽃보다 환하게 피어나게 하여 시공을 뛰어넘는 시적 공간을 만들었다는 것이 조지훈의 불교적 선감각이라고 할 것이다. 분명 이 시는 조지훈이 〈승무〉에서 보여주는 불교적 세계에서 진일보하여 외적 표현의 정교함보다는 여백과 함축에서 현대 불교시의 한 정수를 보여준다고 할 수 있다. 석가모니가 가섭에게 연꽃 한 송이를 들어 미소 지음으로써 마음에서 마음으로 전하는 불법을 전한 것처럼 조지훈은 눈부신 노을 아래 지는 모란꽃을 빌려 한국 현대시에 새로운 선감각을 불어넣은 것이다.'라고 해석한 바 있다.

4. 인간적 만남과 시적 형이상

박목월과 조지훈의 만남을 생각하고 그들의 만남으로 이루어진 시를 생각하며 문학이란 무엇인가를 다시 생각하게 된다. 만약 이 두 시인이 서로 만나지 않았다면 위에서 논한 시는 탄생하지 않았을지도 모른다. 그리고 그들은 다른 생애를 살아갔을지도 모른다. 결국 문학은 인간의 만남으로부터 시작하여 그 만남을 통해 성숙하고 자기 완성에 이르는 과정을 보여주는 것이라고 말할 수 있지 않을까 한다.

이는 문학관에서 관람객이 만나는 시인이나 작가의 경우도 그들의 삶에 지대한 영향을 미치는 것이라고 생각된다. 시인이나 작가를 만난다는 것은 한 인간을 만난다는 것이며 그 만남을 통해 새로운 인간으로 탄생하는 계기를 갖게 된다는 것이다. 문학관의 의미는 여기에 있지 않을까 한다. 다시 말하면 문학관은 단순히 과거의 유물을 전시하는 곳이 아니다. 문학은 인간을 감염시키고 새로운 생각을 갖게 만든다. 한 편의 시가, 한 편의 소설이 가지는 생명력이 인간을 새롭게 한다는 것이다.

한국은 지금 문학관의 전성시대라고도 할 만큼 전국에 많은 문학관이 있고 앞으로도 많은 문학관이 탄생하리라 본다. 문학관의 생명은 조지훈과 박목월의 만남처럼 문학을 만나는 생산적인 장소가 되어야 하고 그러한 생명력을 지닐 때 그 존재 의미도 발생할 것이다. 그것은 문학관의 사명이기도 하다. 문학관에 종사하는 모든 분들이 이러한 사명을 분명하게 인식하지 못한다면 문학관은 사치스러운 유물의 전시장으로 전락하고 말 것이다.(2015)

한국 현대 불교시와 문화적 전통

1. 전통의 현재성

20세기가 지나고 난 지금 20세기 전체를 반성적으로 돌이켜 보면, 그 역사적 파란곡절이 아직도 우리들의 사회 문화 전반에 깊게 파동을 불러일으키고 있음을 느끼게 된다.

사라지고 잊혀져 가는 것들은 변화의 가속화에 의해 가리워져 있지만, 지속의 측면에서 역사와 문화적 전통은 무형의 정신적 유산으로서 지워지지 않고 우리의 문화적 감각을 지배하고 있음을 깨닫게 된다. 과거에 의해 현재의 동력이 결정되지만 현재에 의해 미래가 좌우되는 까닭에 변화와 지속은 분리된 것이 아니라 공존하면서 서로가 서로에게 영향을 미치는 것이다.

20세기 전반은 식민지하에서 보냈고, 20세기 후반은 무차별적이라고 할 만큼 외래문화의 영향에 노출되었던 우리에게 한국적 전통이란 무엇인가를 되새겨 본다는 것은 새로운 문화의 주체적 창조와 선도를 위해 바람직한 일이라고 하지 않을 수 없다.

20세기 중반을 가로지르는 1950년대는 한국적 전통의 단절과 부정의 시대였다. 일부 전통론자들의 강변에도 불구하고 한국적 전통의 부재는 새로운 문화의 적극적 수용을 통해 극복할 수 있다는 것이 많은 논쟁가들의 주장이었다. 실제로 1945년 민족해방에 이은 분단 이후 곧바로 1950년에 발발한 한국전쟁은 기존의 것을 하나도 남김없이 파괴하거나 부정하는 상황에 처하게 만들었다고 해도 과언이 아니다. 이러한 폐허 상황에서 소개된 T. S. 엘리엇의 〈전통과 개인의 재능〉과 같은 전통론은 한국인들에게 심한 자괴감을 불러일으키는 것이었다. 전통은 "역사의식을 내포한다"고 전제한 그는 다음과 같이 썼다.

> 이 歷史的 意識에는 過去의 過去性에 대한 意識뿐만 아니라 그 現在性에 대한 意識도 내포되어 있으며, 이 歷史意識으로 말미암아 作家가 作品을 쓸 때 骨髓에 박혀 있는 自身의 世代를 把握하게 되며, 호머 以來의 유럽 文學 全體와 그 一部를 이루는 自國의 文學 全體가 同時的 存在를 가졌고, 또한 同時的 秩序를 構成한다는 느낌을 반드시 갖게 된다.[1]

거대한 전통의 선언문을 접하는 것 같은 이러한 전통론을 읽을 때, 당대의 많은 문학가들은 한국적 전통의 역사성이 아니라 오히려 전통의 단절을 더 깊이 느끼지 않을 수 없었을 것이다.

'호머 이래의 유럽문학 전체'를 '시경 이래의 동양문학 전체'라고 동일선상에 놓고 비교해 볼 때 그 어디서도 당당한 역사의식을 갖고 한국의 전통을 논할 수 없었던 것이다. 뿐만 아니라 '自國文學의 全體'라고 했을 때, 당대 한국인들이 느꼈던 심한 결핍감은 전통 단절이나 전통 부정의 논리로 치달릴 수밖에 없

1) T. S. Eliot, 〈전통과 개인의 재능〉, 《엘리엇 선집》, 이창배 역, 세계문학전집 14(을유문화사, 1959), 373쪽.

었을 것이다.

문학에서 전통 단절의 대표적 논자 가운데 한 사람이 송욱이다. 그는 1960년대의 기념비적인 비평서라고 할 수 있는《시학평전》에서 다음과 같이 솔직한 고백을 토로하게 된다.

> 傳統에 기대고 있는 까닭에 지니는 文學史의 連續觀과 자기 世代의 특수성을 느끼기 때문에 가지는 과거와의 斷絶意識, 이 分裂에서 이 틈바구니를 뛰어넘는 활동이 곧 作品 制作이라는 行動이라고 설명할 수 있으리라.[2]

엘리엇의 〈전통과 개인의 재능〉에 나오는 문장을 거의 그대로 번안하고 있는 듯한 송욱의 논점 속에는 '위에서 한 말은 두 손으로 지구(地球)를 들고 있을 만한 힘이 있어야 한국에서 시(詩)를 쓸 수 있다는 뜻과 같이 느껴질지도 모른다'는 절망감이 내포되어 있었다. 이어서 그는 다음과 같이 단정하게 된다.

> 여기서 우리는 다시금 이 나라의 시인들이 맞서야 하는 난관을 엿보게 된다. 물론 한 마디로 해서 그것은 傳統의 斷絶이다.[3]

송욱의 단절론을 문자 그대로 전통 부정론이라고 속단할 필요는 없지만, 단절의 강도를 깊게 느낄수록 그가 전통 부정의 한 단서를 제공하고 있다는 사실 또한 부인하기 어려울 것이다.

송욱의 논점의 핵심에 '새로운 전통(傳統)의 창조(創造)'를 위한 그 나름의 충정이 담겨 있었던 것은 분명하다. 그럼에도 그의 단절론은 새 전통의 근거를 외래적 요인에서 찾고 있다는 점에서 내재적인 전통론으로 나아갈 수 없다는 근원적인 한계를 갖는다. 이는 1930년대의 임화가 '신문학사(新文學史)란 이식문학(移植文學)의 역사(歷史)다'[4]라고 주장한 명제와 근본에 있어서 크게 다르지 않다고 할 것이다.

---

2) 송욱, 〈동서문학배경의 비교〉, 《시학평전》(일조각, 1963), 11쪽.
3) 위의 책, 29쪽.
4) 임화, 〈신문학사의 방법〉, 《문학의 이론》(학예사, 1940), 827쪽.

이와 거의 유사한 시기에 조지훈은 〈전통의 현대적 의의〉라는 글을 통해 전통 긍정론과 부정론을 논리적으로 검토하고 '전통'의 의미를 다음 네 가지로 정리했다.

> 첫째, 전통과 因襲은 구별되어야 한다.
> 둘째, 전통과 모방은 구별되어야 한다.
> 셋째, 전통은 역사적 가치개념이다.
> 넷째, 전통은 집단적이고 주체적인 개념이다.[5]

문화사적 배경을 전제로 한국적 사고의 원형을 추출하는 과정에서 종합된 조지훈의 전통론은 전통부정과 전통 긍정의 양극단을 아우른 것으로서 이후 한국적 전통론의 한 전형이 된다. 낡은 역사 속에 깃들인 인습적 요소를 전통으로 보거나, 옛것을 그대로 모방하는 것을 전통으로 인식하여 미래 지향성을 오해하거나, 순수 한국적인 것을 강조한 결과 그 폐쇄성에 사로잡혀 왜곡된 주체성을 전통이라 고집하는 여러 논변들을 설득력 있게 타파했다는 점에서 조지훈의 전통론은 현대적 의의를 가질 것이다. 또한, 여기서 T. S. 엘리엇의 전통론과 그 직접적 상관성을 보내주는 구체적인 자료는 없지만, 전통에서 역사성과 집단성 그리고 창조적 주체성을 양자가 모두 강조하고 있다는 점에서 어떤 연관을 설정할 수 있을 것이라고 본다. 특히 엘리엇의 〈전통론과 개인의 재능〉이 한국에 소개된 시기가 1950년대 후반이고 조지훈의 전통론 또한 이와 유사한 시기에 씌어졌다는 점에서 보수적이고 고전적인 시인이며 비평가였던 두 사람의 전통론에는 어떤 연관이 있다고 판단된다.

그들의 공통점을 필자는 과거와 현재에 대한 그리고 변화와 지속에 대한 균형감각이라고 요약할 수 있다고 본다. 그들 모두 과거와 지속에 깊은 관심을 가지고 있었던 것과 같이 현재와 변화에도 깊은 관심을 가지고 있었으며, 각기 다른 역사적 배경을 가지고 있었지만 무엇보다 중요한 것은 양자가 모두 문화에 대한 풍요로운 이해를 가지고 있었다는 점이다. 변화의 교격성에 편승하는 것이 아니라 변

5) 조지훈, 〈전통의 현대적 의의〉, 《한국문화사서설》(탐구당, 1963), 221쪽.

화와 지속을 아울러 통찰하는 이들에게 역사와 문화를 바라보는 균형 잡힌 안목이 구비되어 있었던 것이다.

한국에서의 전통론은 송욱의 전통 단절론과 조지훈의 전통의 창조적 계승론이 일진일퇴를 거듭하면서 1970-1980년대의 산업시대와 정보시대를 거쳐 오늘에 이르게 된다. 산업시대의 민중시론 그리고 정보화시대의 해체시론 등은 전통론의 관점에서 보자면 한국 현대시를 바라보는 두 가지 극단이라는 점에서 시대사의 표층을 드러내는 문학적 쟁점들이었다고 할 것이다.

조지훈의 전통론이 문화사적 배경에 근거한 것이라면, 여기에서 한 단계 더 나아가 문학적 담론 속에 전통론이 개진된 것으로 주목되는 것은 오세영의 〈전통이란 무엇인가?〉이다.

오세영은 서구 문학이론을 참조하면서도 송욱과는 달리 낭만주의와 고전주의 사이에서 제기된 20세기 서구의 전통론을 광범위하게 섭렵하여 전통의 개념을 다음 일곱 가지로 요약하였다.

> ① 전통이란 강한 보수성을 지니고 있다.
> ② 그것은 과거성을 지니면서도 미래를 수용하고 미래를 건설하는 힘이다.
> ③ 전통은 유산이 아니며, 그것은 가변성과 수용성을 지니고 있다.
> ④ 전통은 그 스스로 변모됨에도 불구하고 일관성을 지니고 있어야 한다.
> ⑤ 전통은 과거와 현재의 계승이다.
> ⑥ 전통은 비개성적이며 보편적이다.
> ⑦ 전통의 본질은 이념을 분열시키는 데 있는 것이 아니라 종합하는 데 있다.[6]

오세영의 이러한 개념 정리는 조지훈의 전통론을 보다 문학에 근접시켜 세분, 종합한 것이다. 그의 논지는 단순히 개념적 정리에 그치지 않고, 이를 김소월의 시작품 〈진달래꽃〉에 적용하여 객관적으로 실증하고 있다는 점에서 구체성을 지녔다고 할 것이다. 물론 그의 논리가 과거성에 더 많이 기울어져 있는 것처럼 여

6) 오세영, 〈전통이란 무엇인가〉, 《문학연구방법》(이우출판사, 1988), 298-300쪽.

겨지지만 문학에서의 전통론은 서구의 개념적 정의나 한국에서의 그것이나 큰 차이가 없다는 것을 밝혔다는 것은 임화의 이식문학론이나, 송욱의 전통 단절론에서 크게 나아간 논리적 지점을 확보한 것이라고 하겠다.[7]

20세기의 전통 긍정과 부정 그리고 단절과 계승의 논리가 여기까지 나아간 다음, 21세기의 세계화 시대에서 전통론을 거론한다는 것은 어떤 의미에서 신선하고 매력적인 주제로 떠올려지지는 않을지도 모른다. 그러나 다른 한편에서 생각해 보면 주체적이며 창의적인 전통에 의거하지 않는다면, 기술 정보시대의 세계화론 또한 허망한 추수주의로 끝나게 될 가능성이 크다. 기술제국주의 시대에 한국적 전통에 근거한 창의성을 드러낼 수 없다면 20세기의 서구 추수주의와 동질의 예속과 굴종을 강요당할 것이기 때문이다. 어떻게 보면, 20세기에 거론된 전통 긍정과 부정의 논변들을 풍요한 경험의 자원으로 삼아 주체적 역량을 극대화시킬 때 기술정보의 세계화 시대를 선도하는 한국적 전통을 새롭게 구축할 수 있을 것이다.

한국적 전통의 수많은 측면들 중에서 이 글은 불교적 전통과 현대시의 상관성에 바쳐진다. 논의의 폭이 좁혀든 느낌이 없지 않지만, 이 또한 결코 가볍게 생각할 수 없는 역사성과 첨단성을 가지고 있다. 불교사상은 외래의 많은 사상들 중에서 이미 오랜 세월 동안 한국적 고유성과 그 세계성을 모색하는 기나긴 역사성을 공유하고 있으며 모든 예술 중에서 시야말로 민족적 감수성의 첨병이기 때문이다.

2. 불교 사상과 한국 현대시

기원전 6세기경에 인도에서 성립된 불교는 서북 인도와 중앙아시아를 거쳐 중국에 전래되고 다시 한국에 들어와 지금까지 1600여 년 동안 그 중심적 위치를 점해온 종교사상이며, 바로 그 점에서 한국인들에게 깊고 넓고 오랜 영향력을 행사해 왔다.

7) 사회사적 변동이란 관점에서 종합적인 전통론이라고 할 수 있는 E.Shils의 《전통》(김병서 · 신현순 옮김, 민음사, 1992)이 소개된 것은 1990년대 들어서이다.

유학과 달리 불교가 지닌 개방성은 문학적 상상력을 촉발시켜 불교적 영향을 배제하고는 향가시대 이후 한국의 시가문학은 그 성숙을 기할 수 없었다고 해도 과언이 아니다. 20세기의 한국 현대시에 대해 말한다 하더라도 한국의 대표적인 시인들 중 상당수는 그 시적 상상의 연원을 불교사상에 뿌리를 두고 있다고 하지 않을 수 없다.

역사적 상관성이 깊고 오랜 까닭에 불교사상과 현대시의 관계를 한마디로 논할 수는 없다. 그러나 최근에 다시 읽은 방동미의 다음 글은 필자로 하여금 한국적 불교의 고유성을 다시 한 번 생각하도록 만들었다. 여기서 필자는 그동안 학계에서 축적된 성과를 바탕으로 한국의 현대시에서 불교적 영향을 깊이 받고 있다고 생각되는 시인들의 작품을 논의의 대상으로 하여 한국적 불교시의 특성과 그 방향을 점검해 보고자 한다.

> 내가 말하는 진정한 중국인이란 生命과 思想에 있어서 道家, 儒家, 墨家의 철학사상에 의해서 깊게 영향받는 사람은 말한다. 그러나 後漢으로부터 唐나라 중엽까지의 위대한 사상가들은 佛敎의 발전과 공적에 의한 것이기 때문에, 그들의 뛰어난 업적도 진정한 중국의 것이라 부르기 힘들다. 비록 그들의 사상이 위대한 천재의 표현으로서, 그리고 비범한 지혜의 체계화로서 포괄적이고 심오하다고는 하나, 그들 사상의 종자는 인도로부터 빈 것이다. 이러한 불교사상가들은 대부분 열반에 들어가는 것이 生命의 귀결이라고 여기므로 결국은 진정한 중국인처럼 공동으로 이 세계에서 化育에 참여하여 커다란 생명과 함께 넓디넓게 同流할 수는 없을 것이다.[8]

유가철학과 불교사상을 변별하는 관점을 취하고 있는 이 글에서 필자가 주목한 것은 불교사상의 핵심을 '열반에 들어가는 것이 生命의 귀결'이라 언급한 부분이다. 불교사상에서 열반이 그 핵심이 되는 것은 사실이다. 그렇다고 해서 불교사상이 생명을 부정하는 것은 아니다. 어쩌면 불교사상이야말로 위대한 생명의 긍정이며, 그 보편성으로 인해 세계성을 갖게 되었고 다시 여기에 특수성을 불어넣은

8) 방동미, 〈인성의 분석〉, 《중국인의 인생철학》, 정인재 역(탐구당, 1983), 85쪽.

것이 한국 불교사상의 고유성이라고 필자는 판단한다.

불교사상을 원천으로 하여 한국 현대시에 뚜렷한 자취를 남긴 시인은 만해 한용운(1879-1944)이다. 만해는 19세기 후반에 출생하여 동학혁명을 경험하고, 20세기 초반에는 3·1운동을 주도했으며, 옥중 생활을 체험하고 출옥하여 간행한 시집 《님의 침묵》(1926)은 한국 현대시의 한 획을 그은 역작이다. 모더니스트 정지용, 김기림을 비판하면서 1960년대 전통 단절을 내세웠던 송욱도 한용운의 경우 "萬海의 詩는 우리 新文學史에서 가장 높고 넓으며 깊은 人間性을 표현한 作品"이라고 규정하면서 전통과 관련해 다음과 같이 썼다.

> 장차 이 나라의 시인들은 〈시학〉을 배우려고 《님의 침묵》을 읽는 것은 드물지도 모른다. 그러나 어떻게 傳統을 생생하게 지니고 어떻게 未來를 개척하여 〈사느냐〉 이 문제와 맞설 때마다 《님의 침묵》이 지닌 獅子吼에 귀를 기울이리라.[9]

송욱은 《시학평전》에 이어 《전편해설 님의 침묵》(1974)으로 나아갔는데, 이는 한국 현대시에서 전통을 논할 때 한용운의 시가 분수령이 되는 것임을 입증하는 중요한 예가 될 것이다. 한국 현대 불교시가 《님의 침묵》으로부터 발원하여, 이를 매개로 다양한 갈래로 퍼져나갔다는 사실을 여러 논자들에게 입증되고 있다는 점에서 한용운의 문학은 중요한 문학사적 의미를 갖는다.[10]

이 시집에서 확인되는 것은 크게 세 가지로 요약된다.

> 첫째, 생명의 긍정과 사랑
> 둘째, 민족주체의 혁명사상
> 셋째, 광명과 평화사상

9) 송욱, 〈유미적 초월과 혁명적 아공〉, 앞의 책, 321쪽.

10) 한용운의 시에 대해 종합적이고 체계적인 연구는 다음 저서를 참조할 것. 송욱, 《전편 해설 님의 침묵》(과학사, 1974); 김재홍, 《한용운 문학연구》(일지사, 1982); 윤재근, 《만해시와 주제론적 연구》(문학세계사, 1983); 최동호, 《사랑과 혁명의 아우라 한용운》(건국대출판부, 2000).

생명의 긍정과 사랑이 불교사상의 보편성에 근거한 것이라면 민족적 혁명사상은 한국 역사적 상황의 특수성의 발현이라고 할 수 있다. 한용운은 그의 시집 서두의 〈군말〉에서 다음과 같이 썼다.

〈님〉만 님이 아니라 기룬 것은 다 님이다. 중생이 석가의 님이라면 철학은 칸트의 님이다. 장미화의 님이 봄비라면 맛치니의 님은 이태리다. 님은 내가 사랑할 뿐 아니라 나를 사랑하느니라.

연애가 자유라면 님도 자유일 것이다. 그러나 너희는 이름 좋은 자유의 알뜰한 구속을 받지 않느냐. 너에게도 님이 있느냐. 있다면 님이 아니라 너의 그림자니라.

나는 해 저문 벌판에서 돌아가는 길을 잃고 헤매는 어린 양이 기루어서 이 시를 쓴다.

—〈군말〉 전문[11]

위의 〈군말〉은 더 말을 보탤 것도 없이 생명에 대한 긍정과 약한 것에 대한 사랑과 긍정을 말하고 있는 것이라 해석된다. 민족적 혁명사상을 나타낸 것으로 읽혀지는 〈타골의 시를 읽고〉에서 '그의 무덤을 황금의 노래로 그물치지 마서요, 무덤 위에 피 묻은 깃대를 세우서요'라고 하거나 〈오서요〉에서 '죽음 앞에는 군함과 포대가 티끌이 됩니다'와 같이 표현하고 있는 것은 식민지하 조선의 역사적 질곡을 타파하기 위한 한국적 특성을 나타낸 것이라고 볼 수 있다.

특히 셋째 평화와 광명의 사상은 생명의 긍정과 민족적 혁명 사상을 종합한 것으로서 한국적 특수성과 보편성이 나타난 것이라 할 수 있다. 그런 점에서 〈찬송〉은 새롭게 읽을 필요가 있다.

님이여, 당신은 백 번이나 단련한 금결입니다.
뽕나무 뿌리가 산호가 되도록 천국의 사랑을 받읍소서.

11) 한용운의 시는 최동호 편, 《한용운시전집》(문학사상사, 1989)에 의거했으며, 다른 시인들의 경우 최동호 편, 《한국명시》(한길사, 1996)에서 인용.

님이여, 사랑이여, 아침 별의 첫걸음이여.
님이여, 당신은 의가 무겁고 황금이 가벼운 것을 잘 아십니다.
거지의 거친 밭에 복의 씨를 뿌리옵소서.
님이여, 사랑이여, 옛 오동의 숨은 소리여.

님이여, 당신은 봄과 광명과 평화를 좋아하십니다.
약자의 가슴에 눈물을 뿌리는 자비의 보살이 되옵소서.
님이여, 사랑이여, 얼음 바다에 봄바람이여.

—〈찬송〉 전문

광명과 평화를 좋아하고 약자를 북돋우는 님은 분명 고통받은 사람들에게 자비로운 사랑을 베푸는 대상이다. 님은 생명의 근거이며 생명의 존재 이유이다. 이 시에서 읽을 수 있는 평화와 광명의 사상은 민족 주체의 혁명사상을 한 차원 더 전진시킨 것으로서 한국적 불교사상의 변증법적 종합이라고 할 수 있는 것이다. 이러한 점들을 고려할 때 한국 현대시에서의 불교사상은 한용운을 거대한 산맥으로 하여 여러 갈래로 퍼져나간다. 필자는 그것을 대체로 다음 세 가지 정도로 분류할 수 있다고 생각한다.

첫째, 한용운－조지훈－김지하－황지우 등으로 이어지는 혁명적, 지사적, 대승적 지향
둘째, 한용운－김달진－조종현－이성선－조정권－최승호 등으로 이어지는 노장적, 운둔적, 소승적 지향
셋째, 한용운－서정주－고은－오세영 등으로 이어지는 토착적, 샤머니즘적, 서정적 지향 등[12]

위의 분류는 시론적인 것이어서 성글고 중첩되어 현대 불교시 전체를 포괄하는

12) 물론 여기에 모더니즘적 기초 위에 선적 방법으로 시적 활로를 타개하려는 황동규나 정현종의 불교적 성향, 그리고 한용운이 그러했던 것처럼 승적을 가지고 불교적 세계를 추구한 조오현, 김정휴, 돈연, 진관 등의 불교시들은 다른 측면에서 다루어져야 할 것이다.

것이라고 말하기는 어렵다. 이러한 시도는 앞으로 지속적인 검토와 논의를 통해 구체성과 객관성을 확보해야 할 것이다. 그러므로 필자는 여기서 그 단초를 마련하기 위해 한용운의 뒤를 이어 이러한 분류의 근거가 되는 조지훈의 혁명성, 김달진의 은둔성, 서정주의 향토성 등 20세기 한국의 대표적인 불교 시인들의 시적 전개와 그 방향성을 살펴보면서 앞으로 불교시가 나아갈 바를 점검해 보겠다.

우선 조지훈(1920-1968)은 유년시절의 한용운처럼 전통적, 유가적 환경에서 성장하였으며 불교적 세계 또한 그에게 깊은 영향을 미쳤다. 한국인들에게 유교사상과 불교사상은 분리된 것이 아니라 표리의 관계를 가진 하나의 교육적, 인간적 덕목이라 해도 과언이 아니다.

> 木魚를 두드리다
> 졸음에 겨워
>
> 고오운 상좌아이도
> 잠이 들었다.
>
> 부처님은 말이 없이
> 웃으시는데
>
> 西城 萬里ㅅ 길
> 눈 부신 노을 아래
>
> 모란이 진다.
>
> —〈고사 1〉 전문

등단작 〈승무〉(1939)에서 '세사에 시달려도 번뇌는 별빛이다'라고 한 조지훈은 여기서 나아가 〈고사〉에서 선적 감각의 높은 경지를 드러내었다. 여기서 머무르지 않고 〈범종〉(1964)에 이르러서는 '종소리는 터져서 빛이 되고 향기가 되고/다시 엉기고 맴돌아/귓가에 가슴 속에 메아리치'며 삼십삼천(三十三天)을 날아오르는 생명의 화육에 도달하게 된다. 조지훈이 한용운의 계보를 잇는다고 말할 수 있는 것은 그의 지사적 혁명적 정열 때문이다. 6·25동란 중 그는 종군 문인으로 참전하여 민족의 비극을 생생히 체험하면서 〈다부원에서〉와 같은 전쟁시 명편을 낳았고, 시집 《역사 앞에서》(1959)를 간행함은 물론 4·19혁명 시에는 〈교수선언문〉을 작성하고 이에 앞장섰으며, 〈지조론〉(1962) 등을 통해 경세의 글을 남겼기 때문이다. 김지하가 《황토》(1970)에 이어 《애린》(1986)을 통해 1970—1980년대를 불교적 민중시의 길을 열었던 것은 한용운으로부터 이어지는 혁명적, 지사적, 대승적 불교사상의 맥락을 전제하고 있었기 때문일 것이다.

김달진(1907-1989)은 그 은둔적 성향으로 인해 크게 문단에 알려지지는 않았다. 김달진류의 노장적, 소승적, 은둔적 시의 흐름이 한용운적 계보의 하나로 포섭되는 것은 생에 대한 의문과 그로 인한 자연에 대한 친화감 때문이다. 한용운이 〈알 수 없어요〉에서 자연에 대한 의문을 끝없이 던지는 것은 생의 비밀을 깨닫기 위함이었을 것이다.

숲 속의 샘물을 들여다본다
물 속에 하늘이 있고 흰 구름이 떠가고 바람이 지나가고
조그마한 샘물은 바다같이 넓어진다
나는 조그마한 샘물을 들여다보며
동그란 地球의 섬 우에 앉았다

—〈샘물〉 전문

위의 〈샘물〉에서 화자가 인식하는 것은 극소에서 극대로 이어지는 자아의 발견이며, 이는 오직 자연을 직관함으로써 이루어진다는 점에서 의미가 있다. 그가 〈벌레〉에서 '나를 바라보는 어떤 큰 눈을 생각하다가/나는 그만/그 실낱같은 빨간 벌레가 되다'라고 하는 것도 생명에 대한 범아일여적 인식이 없다면 불가능한 표현일 것이다. 그러므로 그가 〈그리는 세계 있기에〉에서 '그 어느 겁외(劫外)의 하늘 아래/찬란히 피어나는 꽃'을 바라보거나 〈씬냉이꽃〉에서 '이 우주/여기에/지금/씬냉이꽃 피고/나비날은다'고 한 것 등은 모두가 밖으로 펴져나가는 혁명적, 지사적, 열정이라기보다는 안으로 응축되어 내면을 투시하려는 열정이라고

말할 수 있는 것이다. 노장적 세계는 박제천(1945-)에 의해 《장자시》(1975), 《노자시편》(1988) 등에서 적극적으로 시도되지만 여기에 불교적 사상이 가미된 시인은 이성선을 예로 들 수 있다.

이성선(1941-2001)이 〈빈 산이 젖고 있다〉에서 '등잔 앞에서/하늘의 목소리를 듣는다'거나 〈물방울 우주〉에서 '물방울 속에 들어 있는 산 하나'를 보면서 우주가 떨어져 부서진다고 보는 것은 노장적 색채가 가미된 불교적 세계이며, 이러한 세계가 1970-80년대 민중시의 거센 압력 속에서도 90년대까지 건재하고 있다는 것은 이들의 시적 개성의 강력함을 입증하는 것이라 하겠다. 조정권(1949-)의 《허심송》(1985), 《산정묘지》(1991), 최승호(1954-)의 《세속도시의 즐거움》(1990) 등은 욕망의 부정과 정신주의 또는 문명의 부정과 우화성이라는 점에서 이러한 계보에 속한다고 볼 수 있다.

미당 서정주(1915-2001)의 토착적 서정성과 샤머니즘적 충동에서 우리는 20세기 한국시의 영광과 굴욕을 함께 경험한다. 〈자화상〉(1939)에서 '애비는 종이었다'는 선언적 명제에서 출발한 그는 〈문둥이〉에서 볼 수 있는 '꽃처럼 붉은 울음을/밤새 울었다'로 인식되는 절규를 부르짖으며 시적 생애를 시작한다. 〈귀촉도〉(1943)의 '제 피에 취한 새가 귀촉도 운다/그대 하늘끝 호올로 가신 님아'라는 구절에서 맛볼 수 있는 격정은 〈국화 옆에서〉(1947)에 이르면 어느 정도 안정을 되찾는다. 6·25동란이 마무리된 시점에서 씌어진 〈무등을 보며〉(1954)에서 그는 '가난이야 한낱 남루에 지내지 않는다'고 선언하기에 이른다. 이후 그의 시적 탐구는 신라 정신과 불교사상에 집중되며, 이를 통해 그의 시는 방황과 혼돈을 넘어서는 결정적인 계기를 마련한다. 시집 〈신라초〉(1960)는 이런 탐구의 결실이다. 그러나, 신라 정신의 탐구는 《삼국유사》 소재 설화에 대한 탐색이었고, 불교사상에 대한 천착은 인연사상에 기저를 둔 것이었다. 설화의 탐구는 이성의 세계보다는 그에게 감성의 세계를 열어주었다. 그럼에도 이러한 그의 시적 탐구는 시집 《동천》(1969)에까지 계속되며, 서정주의 시적 열정이나 지상의 속박을 떨쳐버리는 절대사랑에 도달한 〈동천〉에서 그 정점을 보여준다.

> 내 마음속 우리 님의 고운 눈썹을
> 즈문밤의 꿈으로 맑게 씻어서

하늘에다 옮기어 심어놨더니
동지 섣달 날으는 매서운 새가
그걸 알고 시늉하며 비끼어가네

—〈동천〉 전문

위의 시에서 겨울 하늘을 쨍하고 가르며 날아가는 매서운 새에서 우리는 서정주의 시세계를 통관하는 강한 정신성을 엿볼 수 있다. 그러나 서정주는 이러한 시세계를 더 개진해 나가지 못하고 《질마재 신화》(1975), 《떠돌이의 시》(1976)에 이르면 풍속적 세계로 퇴행하면서 그가 초기에 선언한 바 대로 '나를 키운 건 팔할이 바람이다'의 〈자화상〉에서의 유랑성이 증폭되어 나타나게 된다. 그의 시에서 때때로 새어나오던 신들린 목소리들도 이성으로 통어되지 않는 샤마니즘적 충동으로 왜곡되고 만다.

서정주 시에서 느껴지는 천재성은 불교적 보편성에 근거할 때 객관성을 확보하게 되지만, 그것이 샤마니즘적 충동으로, 풍속의 차원으로 치달릴 때 그 시적 역동성을 뿌리뽑힌 유랑성으로 전락하고 만다. 생의 긍정이 욕망에 집착할 때 더 큰 긍정으로 나아가지 못하고 집착과 방종으로 치달릴 위험이 여기에 있는 것이다.

서정주의 개방성이 고은(1933-)에 의해 계승된다고 할 때 거기에는 영광과 상처가 함께 있는 것이라 말할 수 있다. 특히 시집 《피안감성》(1960)에서 시집 《만인보》(1986)에 이르는 과정은 감성적 개성에서 민중적 현실로의 대전환을 내포한 것으로서 한국 현대시의 한 장관인 동시에 누구도 감행하기 힘든 모험이었다고 할 수 있을 것이다. 서정주나 고은에게서 발견되는 자유분방한 상상은 불교적 사유에서 빌려온 것처럼 여기지기도 하지만 왜곡된 샤머니즘적 충동의 한 측면이기도 하다는 것을 간과해서는 안 될 것이다. 오세영(1942-) 또한 한국적 고유의 서정성에 근거하여 불교사상을 육화시킨 《무명연시》(1986)에 이어 《적멸의 빛》(2001)을 간행한 바 있는데, 많은 한국의 서정 시인들은 이러한 계보에 속한다고 할 것이다.

3. 불교사상과 새로운 세기의 시적 전망

전통의 관점에서 바라볼 때 세계화 시대일수록 민족 고유의 독자성과 특수성은 지켜져야 한다고 여겨진다. 일방적이고 획일적인 세계화란 독자성과 다양성을 배제한 제국주의적 세계 지배 형태가 될 것이기 때문이다. 이런 점에서 자연과 야성의 중요성을 강조한 미국의 생태시인 G. 스나이더의 다음과 같은 발언을 되새겨 볼 필요가 있다.

> 전통문화, 지역 고유문화, 원시문화, 마을형 문화 등은 사라질 수밖에 없는 운명에 놓인 것처럼 보일지 모르나, 우리는 다양한 생태계를 보존하려는 성의나 노력과 마찬가지로 그러한 문화들을 수호하며 지원해야겠다. 그것들은 모두가 〈마음〉의 표출인 것이다.[13]

생태론자 스나이더의 위의 발언과 통찰에서 우리는 불교가 지향하는 '마음'의 문제가 전 인류의 공통 관심사인 동시에 그것이 배경으로 하고 있는 역사·문화적 전통의 보존과 계승의 중요성을 인식할 수 있을 것이다. 전통 단절과 긍정의 논리를 지금이 시점에서 바라보면 각자 고유한 자기 정체성 확보를 위한 지적 시련과 모색의 과정이었다고 할 수 있을 것이다. 그것은 과거의 것에 대한 태도인 동시에 현재의 것과 미래의 지향에 대한 동시적 문제의식을 내포한 것이라고 할 것이다. 수많은 외래의 사상과 유행이 전파되어 왔지만 불교사상은 지난 1600여 년 동안 한국인들과 함께 생사고락을 함께해 왔다. 특히 지난 20세기 역사상 유례없는 식민지 시대와 남북분단을 경험하면서, 불교사상은 자비와 평화 그리고 생명 사랑에서 발원하여 피 묻은 깃대를 내세우는 혁명사상을 넘어서서 광명과 평화사상에 이르기까지 한국인이 역사적 난관을 타개해 나가기 위해 마음의 방향타를 가다듬는 중심적 역할을 담당해 왔으며, 20세기 한국 현대시가 갑자기 밀려든 외래 사조

13) G. 스나이더, 〈불교와 지구문화의 가능성들〉, 《세계의 문학》(2000 가을), 민음사, 265쪽. 이 글에서 그는 '서방세계의 자비가 사회 혁명이었다면, 동양의 자비는 자아를 버리고 공(空)에 이른다는 기본적 인식에의 통합이었다'라고 재치 있게 동서의 차이를 비교하여 표현하고 있다.

의 아류적 추종을 탈피하여 심원한 사상을 표현하는 데 불교사상이 그 텃밭이 되었다고 해도 과언이 아니다.

그러나, 과연 21세기에도 불교사상은 한국인들에게 그러한 원동력이 될 수 있을까에 대해 한번 의문을 던져볼 필요가 있다. 신라시대 원효나 의상, 고려시대의 지눌이나 보우, 조선시대의 서산이나 경허와 같은 위대한 불교 사상가들이 외래의 불교사상을 한국적으로 토착화시켜 고유성을 갖게 하였다는 점을 우리는 깊이 생각해야 할 것이다.

사이버 시대를 맞이하여 우리는 인간이 무엇이고, 종교가 무엇인가를 다시 정립해야 할 시점에 이르렀다. 불교가 기복종교로 전락하여 샤머니즘과 습합된다면 그 보편성과 세계성을 상실할 것이다. 국운 쇠퇴기에 두드러지게 나타나는 이러한 폐단을 우리는 누누이 보아 왔다.

만해 한용운이 20세기 초 《조선불교유신론》(1910)을 외친 것은 결코 우연이 아니다. 불교사상을 시적 원천으로 삼고자 하는 시인들 또한 새로운 생명을 불어넣지 않는다면, 이미 대중적 공감과 지지를 얻기 힘든 관습적 시의 되풀이를 넘어서기 어려울 것이다. 이 글에서 한용운의 시집 《님의 침묵》(1926)을 현대 불교시의 이정표로 설정한 것은 어떤 의미에서 과격한 일이기는 하지만 그런 의미에서 일면 타당성이 있을 것이다. 조지훈 시의 사변적 경직성, 김달진 시의 은둔적 폐쇄성, 서정주시의 샤먼적 유랑성 등은 20세기 한국의 현대 불교시가 제기한 문제점들일 것이다. 그럼에도 그들의 시가 나름대로 독자적 세계를 가질 수 있었던 것은 한국인들의 마음속에 깊이 뿌리내린 불교사상 때문이었을 것이다.

천 년 이상 한국에서 토착화된 불교사상은 이제 외래의 것이라기보다는 이미 한국적 고유성을 갖게 되었으며, 한국적 불교의 전통성을 대변하는 세 요소를 필자는 생명 긍정의 사상과 민족 주체의 혁명사상 그리고 광명과 평화사상이라고 보았다. 생명 긍정 사상이 불교사상의 보편성에 근거한 것이라면 민족 주체의 혁명사상은 20세기 한국의 역사적 특수성의 발현이었으며 광명과 평화사상은 앞의 두 명제를 극복하고 미래 지향으로 나아가는 희망적 전망이 내포된 새로운 종합이라고 할 것이다. 그렇다고 하더라도 불교사상 전체가 이렇게 단순히 정리되지는 않을 것이다. 그럼에도 20세기 역사와 더불어 불교사상을 지금 이 시점에서 돌이켜 볼 때 생명사상과 혁명성은 크나큰 유효성을 가졌던 것이며 이러한 불교사상은 앞으로 인간복제 시대에 인간의 고귀성을 깨우쳐 주며, 왜곡된 샤머니즘적 주관성에 대응하여 정신적 평형을 바로 잡아주는 역할을 담당할 것이다. 그가 누구이든 앞으로 그가 진정한 한국의 불교시인이라면 상투적이며 타성적인 불교시가 아니라 인간성에 대한 혁명적 인식과 시적 감동을 깨닫게 하는 심오한 고유성이 깊게 뿌리내린 시를 써야 할 것이며, 그런 시만이 불교사상에 풍요로움을 불어넣을 수 있는 힘을 갖게 될 것이라 전망한다.

한국 현대시와 불교 문화재

1. 불교적 상상의 원형을 찾아서

한국에 불교가 전래된 것은 4세기 후반이다. 삼국유사의 기록에 의하면 중국 승려 순도가 372년 고구려에, 384년에는 마라난타가 백제에, 그리고 묵호자가 눌지왕 시대인 5세기 초에 신라에 불교를 전파하였다. 불교가 전파되었다고는 하지만 아직 대중들에게는 깊게 뿌리내리지 못하고 있었다고 하겠다. 그러나 신라 법흥왕 14년인 527년 이차돈의 순교로 인해 불교가 신라의 국교로 정착하게 되었으며 여기서부터 불교가 국민 대중의 가슴에 숭앙의 대상이 되었다. 불교는 21세기가 된 오늘에도 많은 한국인들이 민간적 신앙의 대상으로 깊게 뿌리내리고 있는 종교로서 이미 1600여 년 동안 한국인들의 생활의식에 숨결처럼 배어들어 역사와 더불어 생사고락을 함께하였다는 점에서 외래의 종교라기보다는 한국적으로 토착화하여 육화된 종교라 해도 과언이 아니다.

한반도의 변방에 자리하여 초기에는 문화적 후진국이었던 신라가 삼국통일의 위업을 달성한 것도 어떻게 보면 불교를 국교로 하여 정신적 에너지를 하나로 결집시켜 국민적 단합을 이루어 냈기 때문이 아닐까 한다. 찬란한 불교문화를 배제하고 신라문화의 독창성을 논할 수 없다. 그리고 불교사상의 심오한 이해 없이 신라 이후 한국의 문화를 논할 수 없는 것이 우리의 현실이다. 한국의 중요한 문화유산의 대부분을 불교문화재가 차지하고 있는 것은 우연이 아니다. 사람들은 그 유래의 오랜 인연을 먼저 말할 수 있을지 모르지만 불교를 통해 자신들의 고유한 창조성을 유감없이 발휘한 것 또한 한국인들의 뛰어난 능력이라고 하지 않을 수 없다.

불교하면 한국인들이 제일 먼저 떠올리는 것은 불국사와 석굴암일 것이다. 한국 불교의 원형을 거슬러 올라가면 불국사가 있고 석굴암이 있으며 거기에 한국인들의 불심의 발원지가 있을 것이다. 이 글은 20세기 한국 현대시인들이 표현한 대표적인 시들을 집중적으로 분석하여 그 시적 형상화의 아름다움을 살펴보는 것을 목적으로 한다. 서구에서 기독교가 유입되어 한국인들의 종교의식은 분화되었지만 국보로 지정되어 아직도 한국인들의 시적 상상력을 촉발시키고 있는 이들 문화재들은 이제 한국사와 더불어 영원한 생명력을 갖게 되고 이와 더불어 역사성을 획득하였다는 점에서 그 의의를 찾을 수 있을 것이다. 이 글은 우선 불교의 가장 중심에 있는 석굴암대불을 노래한 시편들을 검토하고 다음으로 대표적인 한국 사찰인 불국사를 비롯한 중요 사찰을 노래한 시편들을 집중적으로 분석하여 그 시적 의미와 형상화를 살펴보기로 하겠다.

2. 석굴암대불의 노래

한국 현대시인들의 불교적 상상을 촉발시키는 데 그 맨 앞자리에 놓여 있는 불상이 석굴암대불이다. 설굴암대불은 불국사와 더불어 한국인이 불교 하면 제일 먼서 떠올리는 불상이다. 석굴암은 직조석감(織造石龕)의 천의무봉한 솜씨로 조성된 통일신라 최절정기의 예술품으로서 역사적으로 수많은 시인 묵객들이 불교의 위대한 사상을 노래할 수 있게 만든 기념비적인 불상이라고 하겠다.

《삼국유사》에 의하면 김대성은 이생의 부모를 위해 불국사를 건립하고 전생의 부모를 위해 석굴암을 건립했다고 한다. 불국사와 석굴암은 경덕왕 10년 서기 751년부터 불사를 시작하였는데 김대성의 사후에도 계속되어 대략 40여 년 가까운 세월에 걸쳐 완성되었다고 한다. 이는 김대성 개인만의 사업이 아니라 국가적 역량이 총동원되는 대규모 불사였음을 추정하게 할 뿐만 아니라 8세기 후반 통일신라 최전성기의 예술적 기량의 최고치가 발휘된 뛰어난 걸작품이라고 할 수 있을 것이다.

창건 후 신라시대 최치원의 한시에서부터 조선조 시대까지 수많은 시인 묵객들의 시적 대상이 되었음은 물론이거니와 현대에 이르러서도 불국사와 더불어 석굴암은 많은 시인들의 찬탄과 경외의 대상이 되었다. 우선 시적 소재 면에서 불국사보다는 석굴암대불이 더 많이 시인들의 주목을 받았다. 20세기 들어 현대시 초기부터 최남선의 〈석굴암에서〉, 박종화의 〈석굴암대불〉, 유치환의 〈석굴암대불〉, 서정주의 〈석굴암관세음의 노래〉, 신석초의 〈석굴암관세음〉, 김종길의 〈연모〉, 박희진의 〈관세음상에게〉, 허영자의 〈관세음보살님 상〉 등 한국의 대표적인 시인들이 석굴암대불의 심오한 아름다움을 노래했다.

이상의 시편들 중에서 20세기를 넘어선 지금 이 시점에서 볼 때 대표적인 시를 3편만 선정한다면 유치환의 〈석굴암대불〉과 서정주의 〈석굴암관세음의 노래〉 그리고 김종길의 〈연모〉라고 할 수 있다. 물론 이런 선정은 주관적인 측면이 없지 않다. 그러나 대상을 끌어당겨 이를 나름대로의 시법으로 육화시킨 작품으로 우선 거론되어야 하는 것은 위의 세 편이라는 것이 필자의 시각이다. 다른 시편들은 너무 대상을 우러러 숭상하거나 아니면 대상에 압도되어 시인의 독자적인 시각이 실종하고 마는 경우가 많았기 때문이다. 또는 시적 언어가 경직되어 부자연스럽거나 불상에 대한 단선적인 어법으로 끝나는 경우가 많았다.

우선 유치환의 〈석굴암대불〉을 인용해 보기로 하겠다.

> 목놓아 터뜨리고 싶은 통곡을 견디고
> 내 여기 한 개 돌로 눈 감고 앉았노니

천년(千年)을 차거운 살결 아래 더욱
아련한 핏줄, 흐르는 숨결을 보라.

목숨이란! 목숨이란—
억만년(億萬年)을 원(願) 두어도
다시는 못 갖는 것이매
이대로는 못 버릴 것이매

먼 솔바람
부풀으는 동해(東海) 연(蓮)잎
소요로운 까막까치의 우짖음과
뜻 없이 지새는 흰 달도 이마에 느끼노니

뉘라 알랴!
하마도 터지려는 통곡을 못내 견디고
내 여기 한 개 돌로
적적(寂寂)히 눈 감고 가부좌(跏趺坐)하였노니.

—〈석굴암대불〉 전문

이 시는 화자를 석굴암대불로 하고 있다는 점에서 대상을 타자화하지 않고 대상 자체의 독백 어법으로 행간을 끌어나가고 있다는 점에서 일차적으로 시적 개성을 발휘하고 있다. 석굴암대불을 통곡을 견디고 있는 한 개의 돌덩어리로 파악하고 있다는 것이 유치환 시의 남다른 시법이다. 불상은 바라보면서도 그 불상 속으로 들어가 그 불상의 목소리를 찾아냈다는 것이다. 아마도 유치환은 불상에 자신의 감성을 이입시켜 불상의 목소리를 찾아냈을 것이다. 이런 목소리를 찾기 위해 그는 오랫동안 불상을 응시했을 것이다. 우연히 지나쳐 가는 시선으로는 이런 시각을 획득하기 어렵다.

그는 불상이 되어 연꽃과 까치울음 소리와 달빛을 이마에 느낀다. 목숨을 지닌 존재들의 비천함과 고귀함을 동시에 받아들이는 자세가 이 시를 지탱하고 있다.

버리고 싶어도 버리지 못하는 것이 바로 목숨 아닌가. 억만년 원을 두어도 다시 갖지 못하는 목숨의 통곡 소리를 참고 견디면서 이루어낸 또 하나의 생명 그것이 바로 천년 차가운 살결 아래 아련히 흐르는 숨결인 것이다. 이 시를 읽고 있으면 유치환의 다른 시 〈바위〉를 생각해 보지 않을 수 없다. 안으로 채찍질하며 치달려 억년 비정의 함묵의 바위가 되고 싶었던 그가 〈석굴암대불〉에 이르러서는 한 개 돌의 목소리를 찾아내 또 하나 다른 생명의 탄생을 보여주고 있는 것이다. 이런 측면에서 보자면 유치환의 생명 의식은 〈석굴암대불〉에 이르러 그 최고조에 도달하였고 여기서 새로운 생명을 획득했다고 말할 수 있을 것이다.

유치환의 〈석굴암대불〉이 자아와 불상을 일체화시켜 하나의 생명을 탄생시켰다면 서정주의 〈석굴암관세음의 노래〉는 불상과 자신을 무한히 일치시키면서도 독자적인 자신의 존재를 간과하지 않고 공존시키는 어법을 택하고 있다는 점에서 주목된다.

그리움으로 여기 섰노라
호수와 같은 그리움으로,

이 싸늘한 돌과 돌 사이
얼크러지는 칡넝쿨 밑에
푸른 숨결은 내 것이로다.

세월이 아주 나를 못 쓰는 티끌로서
허공에, 허공에, 돌리기까지는
부풀어오르는 가슴속에 파도와
이 사랑은 내 것이로다.

오고 가는 바람 속에 지새는 나날이여.
땅속에 파묻힌 찬란한 서라벌.
땅속에 파묻힌 꽃같은 남녀들이여.

오— 생겨났으면, 생겨났으면,
나보다도 더 나를 사랑하는 이
천년을, 천년을, 사랑하는 이
새로 햇볕에 생겨났으면

새로 햇볕에 생겨나와서
어둠 속에 날 가게 했으면,

사랑한다고…… 사랑한다고……
이 한 마디 말 님께 아뢰고, 나도,
이제는 바다에 들어갔으면

허나 나는 여기 섰노라.
앉아 계시는 석가(釋迦)의 곁에
허리에 찌그만 향낭(香囊)을 차고

이 싸늘한 바위 속에서
날이 날마다 들이쉬고 내쉬이는
푸른 숨결은
아, 아직은 내 것이로다.

—〈석굴암관세음의 노래〉 전문

격한 감정의 외침을 내뱉기보다는 서정주는 일단 그리움으로 말문을 연다. 그리고 호수와 같은 그리움으로 불상 앞에 선 화자는 싸늘한 돌에서 태어나는 생명의 숨결을 통해 자신의 티끌이 되었다가 허공에 부풀어 올라 땅속에 파묻힌 신라의 꽃 같은 남녀들로서 태어날 것을 기원한다. 나보다 더 나를 사랑하는 이가 천년 세월을 넘어 다시 태어나고 그 자신은 어둠 속으로 사라지기를 소망해 본다. 사랑한다는 말 한 마디를 남기고 바다에 들어가고 싶다는 것이다. 여기서 바다로 들어가고 싶다는 것은 어둠 속으로 영원 속으로 사라지고 싶다는 것이다.

이 시의 특징은 화자가 결코 직접적으로 사랑을 호소하고 있지 않다는 것이다. 티끌에서 티끌로 돌아가는 생의 변전을 거듭해서라도 사랑하는 이를 만나고 싶을 만큼 이 불상이 그에게 커다란 감동을 주었다는 것이다. 정녕 그 자신은 어둠 속으로 사라지고 싶지만 사라지지 못하고 바닷속으로 들어가고 싶지만 바다로 들어가지 못하고 불상 앞에 작은 향낭을 차고 서 있다는 것이다. 그는 왜 불상 앞에 작은 향낭을 차고 서 있는 것일까. 그가 천 년 전 서라벌의 꽃 같은 사람들에게서 나보다 더 나를 사랑하는 이를 느꼈기 때문이다. 그것은 화자가 불상을 마주 대하고 느낀 엄청난 감동을 우회적으로 표현한 것이라 할 수 있다.

분명 불상은 차가운 돌로 만들어졌지만 푸른 숨결을 지닌 살아 있는 존재로서 인지되며 그 숨결을 느끼는 자기 자신은 바로 그 숨결로 인해 자신이 살아 있다는 것을 느끼는 것이다. 천 년 전부터 지금까지 땅속에 파묻힌 모든 것들이 티끌이 되었더라도 다시 거기서 탄생하여 날이 날마다 푸른 숨결을 내쉬는 존재가 된다는 것은 화자가 마주 대하고 선 불상, 즉 돌로 만들어진 석가가 아니라면 불가능할 것이다.

차가운 돌에서 느낀 푸른 숨결 그것이 서정주가 석굴암대불에서 느낀 시적 감동이다. 돌에 생명을 불어넣은 신라의 사람들에게서 화자는 나보다 더 나를 사랑하는 불멸의 생명력을 지닌 그들의 예술혼을 느꼈다고 할 수 있을 것이다. 서정주는 돌에서 느낀 시적 감동을 직접 토로하는 것이 아니라 우회의 방법으로 간접적으로 표현함으로써 더욱 극적으로 불상의 생명력을 표현하고 있다. 그리움으로 말문을 열어 푸른 숨결로 마무리하는 그의 시법은 그 나름으로 독자적이라고 할 수 있을 것이다. 이것이 다른 시인들과 변별되는 서정주의 시법이라고 할 수 있다. 수많은 석굴암 시편들 중에서 그의 시가 독특한 위치를 차지하는 것도 바로 그러한 이유에서일 것이다.

김종길의 〈연모〉는 석굴암대불을 노래하면서도 이를 절대적 찬미의 대상으로 삼고 있지 않다는 점에서 주목된다. 시집 《황사현상》(1986)에 수록된 이 시는 시 〈성탄제〉로 유명한 김종길의 시에서 불교적 세계를 노래한 예외적인 작품이라고 할 수 있는데 석굴암대불을 바라보는 그의 시선은 그런 점에서 절대적인 신앙의 대상으로 불상을 바라보지 않는다는 점에서 이색적이다.

천년(千年)이 흘렀다. 천년(千年)이 흐른 다음에 내가 여기 섰다. 천년(千年)이 또 몇 천 년(千年)이 흐르리라. 동방(東方)은 그날도 푸른 하늘이었느니라. 당신은 동방(東方)의 푸른 하늘과 함께 영원하리라.

당신에겐 천년(千年)도 한갓 꿈결인가? 아 변함없는 당신의 미소(微笑)! 미소(微笑)짓는 당신의 얼굴 언저리에서 유암(幽暗)이 소리 없이 엷어진다. 당신은 소리 없이 유암(幽暗)을 호흡한다.

원광(圓光)은 뒷벽에 돌이 되어 빛나기를 삼간다. 원광(圓光)은 당신을 내게서 너무 멀리 있게 한다. 당신은 원광(圓光)이 필요치 않다.

또렷한 눈자위와 입 언저리가 무한히 젊어 보인다. 아 당신은 영원한 처녀(處女)! 나는 불현듯 연모(戀慕)를 느낀다.

연모(戀慕)! 당신에게 내가 감히 연모(戀慕)를 느껴도 좋으랴? 당신의 미간(眉間)의 그 잃어버린 구슬의 자취쯤 내 연모(戀慕)의 흰 화살이 날라 앉아도 좋으랴?

—〈연모—석굴암 대불에게〉 전문

이 시는 《황사현상》에 수록된 김종길의 초기 시편이다. 이 시가 불교적 소재를 대상으로 산문적 형태로 진술되어 있으며 그 대부분이 단문으로 진행되고 있다는 것은 일차적으로 독자들의 관심의 대상이 될 것이다. 그리고 주목되는 것은 석굴암대불에서 불상을 신비의 대상으로 보지 않고 연모의 대상으로 보고 있다는 것이다. 석굴암대불에서 화자가 발견한 것은 영원한 처녀성이다. 시공을 뛰어넘는 불상의 미소에서 화자는 일차적으로 푸른 하늘과 함께 영원할 생명력을 인지한다. 그리고 그는 입 언저리에 번지는 미소에서 소리 없이 번지는 유암을 발견한다. 얼굴에 어른거리는 그 그윽한 그늘을 호흡하는 생명력을 지닌 불상은 뒷벽에 새겨진 원광으로 인해 화자로부터 거리를 느끼게 한다. 원광을 배제하고 불상을 바라보는 화자의 시선은 불상을 불상 그 자체의 아름다움이란 차원에서 바라보려는 시적 자세를 나타내 준다.

여기서 김종길 특유의 시적 인식이 발동한다. 그는 불상에게 원광이 필요하지 않다고 하면서 불상을 불상 그 자체로 바라본다. 원광이 주는 아우라로 불상을 신비화시키지 않겠다는 것이다. 그는 불상 자체를 새긴 눈자위와 입 언저리에 주목하면서 그 시들지 않는 젊은 얼굴에서 영원한 처녀성을 직관한다. 불상을 남성적 숭배의 대상으로 바라보는 일반적 관습의 타성을 깨트렸다는 점에서 이 시는 참신성을 갖는다. 그는 이 지점에서 비로소 자신의 시적 인식을 개진한다. 화자가 불현듯 느끼는 연모라는 사랑의 감정은 이 점에서 자연스럽다. 그는 이 연모의 감정을 다시 확인하면서 마지막 대미에서 '당신의 미간(眉間)의 그 잃어버린 구슬의 자취쯤 내 연모(戀慕)의 흰 화살이 날라 앉아도 좋으랴?'라고 토로한다. 어쩌면 이는 상당히 불경스럽고 대담한 고백이라고 할 수 있다. 물론 화자는 '감히'라는 시어를 사용하고 있기는 하지만 그의 고백은 일반적인 불교도들의 불상에 대한 찬미와는 다른 것이라 하지 않을 수 없다. 불상에서 여성미가 아니라 남성미를 발견하고 그에게 생의 모든 감정을 하소연하는 허영자의 〈관세음보살님〉과 김종길의 〈연모〉는 대조적이다.

불상의 미간에서 사라진 구슬이 박혔던 자리에 자신의 사랑의 화살을 날려 보내도 좋겠느냐고 하는 마지막의 시행은 매우 조심스러운 발언이기는 하지만 그럼에도 불구하고 지극히 대담한 남성적 사랑의 토로이기도 하다. 화자가 불상의 아름다움에 동화되지 않고 이를 연모의 대상으로 그리면서 그 아름다움을 사랑이라는 연모의 감정으로 표현한다는 것은 간접적인 방법이기는 하지만 확고한 자기 주관 없이는 표현하기 힘든 것이라고 할 수 있다.

돌이켜 보면 불상의 미간에 사랑의 화살을 날려보내도 좋겠느냐는 표현은 다른 시인들의 석굴암 시편에서는 찾을 수 없는 독특한 시적 형상화임이 분명하다. 이외에도 박종화의 〈석굴암대불〉, 신석초의 〈석굴암관세음〉, 박희진의 〈관세음상에게〉, 허영자의 〈관세음보살님 상〉 등도 석굴암을 노래한 시편 중에서 거론할 만한 대표적인 작품들이라고 생각하나 여기서는 지면 관계로 논할 수 없음을 아쉽게 생각한다.

마지막으로 한 가지 언급하고 싶은 것은 석굴암 본존불을 무엇으로 보느냐 하는 것이다. 많은 시인들이 관세음상으로 말하고 있고 미술사학자들 사이에서도 그러한 설이 유력하게 주장되고 있기는 하지만 황수영 박사가 줄곧 주장한 대로 석굴암 본존불이 아미타불일 가능성도 있다는 점을 지적해 두고자 한다. 왜냐하면 석굴암의 창건 동기가 전생의 부모를 위하여 건립되었다는 사실과 석굴암 너머 동해안의 여러 유적들 그리고 영주 부석사의 무량수전 등을 미루어 볼 때 극락세계의 주인이며 현세불인 아미타불 사상이 신라인들에게 널리 유포되었다는 것도 고려해볼 수 있을 것이다.(이에 대해서는 황수영의《석굴암》,《불국사와 석굴암》과 강우방의《원융과 조화》, 그리고 김리나의《한국고대불교조각비교연구》등을 참조할 것.)

3. 사찰의 노래

불교적 상상력을 논할 때 그 상상력의 거점이 되는 것은 사찰이다. 한국의 사찰은 그 독특한 건물 형식은 물론 그 미학에 있어서도 한국적 특징을 잘 나타내 주는 유형의 문화재라고 할 수 있을 것이다. 사찰 중에는 천년 8세기 중반 신라 시대에 건축되어 아직도 그 위용을 자랑하는 동시에 한국인들의 문화적 자존심을 지키는 대표적인 국보로서 불국사를 먼저 들 수 있고 이와 더불어 한국 산하의 깊은 곳을 도처에서 지키는 명찰들을 들 수 있다. 사찰을 노래한 현대시는 이은상의 〈성불사〉, 박목월의 〈불국사〉, 김달진의 〈유점사의 추억〉, 〈고사〉, 서정주의 〈선운사〉, 〈유점사의 추억〉, 조지훈의 〈고사 1, 2〉 이성선의 〈낙산사〉 연작시, 오세영의 〈구룡사시편〉 그리고 차창룡의 〈내소사, 성운사, 동불암 똘감〉, 〈선운사, 선운사〉 등의 시편들을 거론할 수 있다.

한국인들에게 널리 알려진 사찰의 노래는 이은상의 〈성불사〉이다. 우선 명칭 자체가 대중들의 소망을 담고 있다는 점에서 친근감을 불러일으킨다.

> 성불사(成佛寺) 깊은 밤에
> 그윽한 풍경 소리
>
> 주승(主僧)은 잠이 들고 객(客)이 홀로 듣는구나
> 저 손아

마저 잠 들어
혼자 울게 하여라

—〈성불사〉 전문

이 시가 독자에게 전하는 것은 무엇보다 깊은 밤 인가로부터 멀리 떨어진 사찰에서 느낄 수 있는 정적미이다. 시조 형식을 변형하여 행간 조정을 통해 화자가 느끼는 정적미를 효과적으로 살리고 있다는 점에서 이 시는 독자들에게 폭넓은 호소력을 발휘한다. 주승도 잠들고 객도 잠들어 모든 것이 잠든 산사에서 풍경소리만 들린다면 그 소리는 부처가 되는 길을 알려주는 소리인지도 모른다. 아니면 잠들지 못하는 객을 부르고 있는 화자가 잠들지 못하고 듣고 있는 깊은 시름의 소리인지도 모른다. 어떻든 이 시는 사찰에서 친근감을 느끼는 많은 한국인들의 불교 지향적인 길을 자연스럽게 그리고 아름답게 표현한 시라는 점에 의심의 여지가 없다.

사찰을 노래하면서 불교의 선감각을 표현 대표적인 작품은 조지훈의 〈고사 1〉이다. 이 시는 조지훈의 시적 감각을 나타내 주는 동시에 불교적 세계의 현대적 변용을 보여주었다는 점에서 초기 조지훈의 시를 대표하는 작품이기도 하다.

목어(木魚)를 두드리다
졸음에 겨워

고오운 상좌아이도
잠이 들었다.

부처님은 말이 없이
웃으시는데

서역(西域) 만리(萬里)길
눈부신 노을 아래
모란이 진다.

—〈고사 1〉 전문

얼른 보아 절간의 일상사를 다룬 평범한 시처럼 보인다. 그러나 목어가 있고 상좌가 있으며 부처님이 있고 모란이 있다. 이 네 가지 소재를 가지고 간명하고 절제된 시가 씌어진 것이다. 목어를 두드려 물속에 사는 모든 생명체들에게 복음을 전하고 나니 상좌아이는 졸음에 겨울 것이요, 그가 잠깐 졸고 있는 사이 법당 안의 부처님은 말없이 웃으시는데 그 웃음의 공간이 확장되어 서역 만 리 길이 떠오르고 그 길에 환한 노을빛 아래 모란이 진다. 지금 여기에서 서역 만 리 길 저쪽의 부처님이 동시에 공존하는 시의 세계를 열어 보여준 것이 이 시의 묘미이다.

이 시가 단순한 시가 아닌 것은 마지막 연에서 보여주는 시적 변전 때문이다. 그렇지 않다면 평범한 작품이 되고 말았을 것이다. 부처님의 웃음을 모란꽃보다 환하게 피어나게 하여 시공을 뛰어넘는 시적 공간을 만들었다는 것이 조지훈의 불교적 선감각일 것이다. 분명 이 시는 조지훈이 〈승무〉에서 보여주는 불교적 세계에서 진일보하여 외적 표현의 정교함보다는 여백과 함축에서 현대 불교시의 한 정수를 보여준다고 할 수 있다.

석가모니가 가섭에게 연꽃 한 송이를 들어 미소 지음으로써 마음에서 마음으로 전하는 불법을 전한 것처럼 조지훈은 눈부신 노을 아래 지는 모란꽃을 빌려 한국 현대시에 새로운 선감각을 불어넣은 것이다. 마지막으로 한번 생각해둘 것은 이 시의 제목을 조지훈은 일반적인 명칭인 〈고사 1〉이라고 하였지만 인연을 거슬러 올라가 그 구체적인 사찰을 떠올린다면 그것은 그가 젊은 시절 한때 외전 강사로 머물렀던 오대산 월정사(月精寺)라고 추정해볼 수 있다. 월정사는 신라 선덕여왕 12년인 643년에 자장율사가 창건한 고찰로서 불국사보다 창건 연대가 한 세기 정도 앞선 고찰이다. 근대의 방한암, 김탄허 등 뛰어난 선지식이 주석하던 명찰이다. 사찰의 유래나 산세의 뛰어남이나 선승들의 전등 인연이나 모두가 명편이 탄생할 수 있는 여건을 갖추고 있다고 해도 과언이 아니다.

이 시는 1948년 《동국》이라는 교지에 발표되었다. 오대산 월정사 생활을 마치고 광복 후 상경한 조지훈은 당시 사회적 정치적 혼란 속에서 그가 잠시 머물렀던 월정사 생활이 떠올랐을 것이며 이를 동경하였을 것이다. 마치 예이츠(W. B. Yeats)가 혼잡한 런던에서 살면서 그의 고향을 그리워하며 〈이니스프리호도〉를 썼던 것처럼 조지훈도 광복 직후의 혼란한 정세 속에서 목어 소리도 잠든 절간에 부처님의 미소가 떠오르고 환하게 피었던 모란이 노을에 지는 순간 느끼면서 서역 만 리길을 직감했을 것이다. 이 시는 묘사의 시라기보다는 직관의 시라고 할 수 있는데 이러한 직관은 단숨에 씌어지지만 그것을 떠받치는 세부는 생략 속에서 절제와 행간의 여백을 통해 시적 공감을 극대화하는 것이라고 하겠다.

조지훈의 〈고사 1〉과 쌍벽을 이루는 시가 박목월의 〈불국사〉이다. 〈불국사〉는 시집 《산도화》(1955)에 수록된 작품으로 박목월의 초기 시편이다.

흰달빛
자하문(紫霞門)

달안개
물소리

대웅전(大雄殿)
큰보살

바람소리
솔소리

범영루(泛影樓)
뜬 그림자

흐는히
젖는데

흰달빛
자하문
바람소리
물소리

—〈불국사〉 전문

박목월이 경주 출생이라는 사실은 일차적으로 고려의 대상이다. 한국을 대표하는 명찰 불국사를 표현하는 데 있어서 박목월은 자신의 일반적인 시와 달리 독자적이고 새로운 형태를 시도하고 싶었을 것이다. 너무 익숙한 소재를 평범한 방법으로 표현하지 않는 것이 고향에 대한 시인들의 남다른 사랑이기도 한 것이다. 이 시에서 두드러져 보이는 것은 그 형태미이다. 수직으로 직조된 것 같은 행간의 배치는 대체로 명사들이 중심이 되고 있으며 서술어들은 극도로 제한되어 있다. 3음절 내지 4음절이 한 행으로 모두 8연으로 구성된 이 시는 각 2연씩 4부분으로 나눌 수 있으며 이는 정확하게 기승전결의 형식을 취하는 데 그 형태미에 변조를 가한 것이라고 할 수 있다.

서술어는 전결을 연결하는 6연의 '흐는히/젖는데'뿐이다. 이 부분을 매개로 이 시는 달안개와 물소리에서 바람소리와 물소리로 전환되며 전체적으로 신비한 불국사의 전경이 떠오르게 되어 있다. 이 마지막 이미지를 부각시키기 위해 화자는 '범영루(泛影樓)'를 문자 그대로 해석하여 '뜬 그림자'로 풀이하고 있는데 이는 모든 것을 환영으로 보는 불교적 세계를 나타내는 데 기여하기도 한다. 다시 되풀이해 읽으면 눈에 두드러지는 시어가 '자하문(紫霞門)'이다. 서두의 제2행에 그리고 마지막 부분의 제14행에 이 시어가 반복되는데 이는 모두 '흰 달빛'이라는 수식어를 동반하여 시적 분위기를 형성하는 데 크게 기여한다. 자하문은 실제로 불국사에서 대웅전으로 들어가는 관문이며 불국토의 세계와 사바세계를 구분 짓는 문이기도 하다. 자하란, 문자 그대로 풀이하면 '보랏빛 노을'이지만 전설에 의하면 신선이 사는 곳에 서리는 노을이기도 하며 부처의 몸에서 나는 광채이기도 하다. 여기서는 부처의 세계 즉 부처님이 사는 세계로 들어가는 문이 자하문이라고 할 수 있다. 자하문을 들어서면 대웅전이 있고 그곳에 부처가 자리하고 있기 때문에 위의 3연에 보이는 시행들은 이를 사실적으로 나타낸다고 하겠다

그런데 여기서 주목할 것은 대웅전에 계시는 큰 보살이 등장한 다음 '달안개/물소리'가 '바람소리/솔소리'로 전환된다는 점이다. '달안개/물소리'가 자하문 밖의 세계라면 '바람소리/솔소리'는 자하문 안의 세계이며 이는 불국토의 세계라고 구분해서 생각할 필요가 있다. 마지막에서 '바람소리/물소리'라고 하여 '바람소리'는 되풀이되지만 '솔소리'는 되풀이되지 않고 '물소리'로 끝맺고 있다는 것은 음미할 필요가 있다. 요는 제4행 물소리에서 제8행 솔소리 그리고 다시 제16행 물소리로

의 전개는 일단 큰 보살을 매개로 솔소리로 바뀌었다가 다시 자하문을 매개로 물소리가 된다는 것이다. 불국사의 신비감을 시의 전면에 부각시킨 다음 다시 자하문 안과 밖을 하나로 소통하게 하는 표현이 '물소리/솔소리/물소리'의 전개 과정이라는 것이 필자의 해석이다.

이 시가 전체적으로 불국사 안의 불국토의 신비한 세계만을 표현하고 있다고 해석한다면 그것은 화자가 구사하는 미묘한 시점 변화를 파악하지 못하고 이 시를 단선적으로 보는 견해일 것이다. 위에서 전체적으로 이 시의 형태미가 수직적이라고 말한 바 있는데 이 수직적 형태는 이 시의 시어들이 마치 자하문 안을 들어서면 막바로 대할 수 있는 석가탑을 연상시킨다고 할 수 있을 것이다. 일체 수사를 제하고 명사들로 축조된 언어의 석가탑을 그려놓고자 한 것이 박목월의 시도한 야심적인 의도가 아닐까 한다.

그런 점에서 이 시는 불국사를 노래한 시들 중에서 그리고 사찰을 노래한 수많은 시편들 중에서 언어적 절제와 행간의 여백을 극대화한 대표적인 작품이라고 해도 무리가 아닐 것이다. 사찰을 노래한 시편 중에 김달진의 〈고사〉도 독특한 세계를 보여주지만 여기서는 지면 관계로 생략하였으며 이성선의 〈낙산사〉 연작시 오세영의 〈구룡사시편〉 등도 다음 기회를 기다릴 수밖에 없음을 아쉽게 생각한다.

4. 불교적 상상력과 불교시의 미래

석굴암대불에 수많은 시편들이 바쳐지는 것은 어떻게 보면 당연한 일인지도 모른다. 불국사와 석굴암은 8세기 중반 신라 최전성기에 한국인들의 예술적 기량 또한 절정에 이른 시기에 축조되었고 이 거대한 불사를 진행하는 사람들의 열망 또한 남달랐다고 생각한다. 적어도 이 양대 불사는 불교의 전래로부터 300여 년에 걸쳐 축적된 사상적·예술적 단련을 필요로 했으며 이는 김대성 한 사람만의 일이 아니라 국가적 사업으로 이 일을 마무리하는 원대한 이상이 있었기 때문에 가능한 일이었을 것이다.

특히 석굴암은 직조석감(織造石龕)이라는 말을 실감할 수 있도록 오늘날의 누구라도 그 뛰어난 예술미에 감동을 받을 수밖에 없을 것이다. 그러한 까닭에 신라의 대시인 최치원 이후 대대로 많은 시인 묵객들이 석굴암대불을 노래했으며 오늘의 시인들도 가장 열성적으로 노래한 불교미술의 대표가 석굴암대불일 것이다. 이는 앞으로도 국가와 민족의 뿌리를 생각하고 삶과 죽음을 사색하는 시인들에게는 그러할 것이다. 한마디로 '석굴암대불은 시인들에게 영원한 숙제다'라고 말할 수 있을 것이다.

석굴암보다 더 장엄하게 우리 앞에 놓여 있는 것이 불국사이다. 불국사는 많은 건축물들로 이루어진 복합건물이고 불국사의 여러 유물과 유적들은 그 하나하나가 모두 국보라고 할 수 있을 정도로 귀중한 국가적 문화유산이라고 할 수 있는데 이제 그 일부가 시인들에 의해 노래되었을 뿐이다. 어느 한 시인이 불국사 전체를 홀로이 독차지할 수 없다. 불국사는 그런 점에서 미래를 위해 열려 있다고 할 수 있다. 그렇다고 하더라도 섣불리 불국사에 달려들 수 없다. 불국사를 건축한 선조들의 불교에 대한 사상적 이해와 그것을 건축한 예술가들에 대한 심오한 이해가 뒷받침되지 않는다면 불국사 시편은 서투른 어릿광대가 되기 쉬울 것이다.

위에서 인용한 대표적인 불교 시편들에 대해 종전의 해석과는 다른 새로운 해석을 일부 시도하였다. 여기에 대해서는 앞으로 좀 더 심도 있는 해석이 가해져야 할 것이며 이미 발표된 시편에 대해 새로운 해석이 가해지지 않는다면 진일보한 새로운 시편도 씌어지지 않을 것이라는 기대감으로 시도해본 것이다.

이 글을 마무리하면서 말해둘 것은 다음 두 가지이다. 하나는 불교사상이나 그 작품을 산출하게 만든 학문적 논의가 더 심화되어야 한다는 것이다. 자료의 부족에도 불구하고 학문적으로 일제의 유산을 극복하고 독자적으로 우리 문화유산을 향유하는 확고한 토대를 가져야 그 문화재는 진정한 우리의 유산이 된다는 사실이다. 석굴암 본존불에 대해서도 마찬가지이다. 시인들도 이에 대해 나름대로 깊은 탐색이 필요하다는 것이 필자의 판단이다. 무조건적으로 감탄하고 흥분한다는 것은 이제 지나간 시대의 이야기가 되어야 한다는 것이다. 그리고 전통과 그 뿌리에 대한 젊은 시인들의 관심과 사랑이 필요하다는 것이다. 새로운 것만 추구하는 시인은 멀리 나갈 수 없다. 한국적인 것만을 찾는 것도 폐쇄적인 독선을 드러내는 우스꽝스러운 일이지만 그렇다고 하더라도 자신의 뿌리를 잊고 자기 세계를 구축할 수는 없는 일이라고 하지 않을 수 없다. 그런 점에서 젊은 세대의 시인들에게 새로운 인식 전환과 참다운 자기 세계의 탐색을 촉구하고 싶다. 과거 속에 미래가 있다는 것은 한갓 전통론자들의 자기 옹호가 아니다. 디지털 시대일수록 전통에 대한 깊은 탐색이 요구된다는 것은 미래를 조망하는 모든 젊은 시인들에게 적용되는 일이라 단언하고 싶다. 21세기 초반에 유행했던 젊은 미래파 시인들이 얼마나 쉽게 사라져 갔는가를 다시 한 번 비판적으로 돌이켜 생각해 보는 것은 이제 우리에게 하나의 지혜가 아닐까 한다.(2009)

한산시와 한국 현대시

1. 서론

현재 고려대학교 도서관에서 소장하고 있는 〈한산시〉는 두 가지 목판본이 있다. 하나는 곽택지포본(郭宅紙鋪本)으로 이는 1574년 이전에 간행된 것으로 추정된다. 다른 하나는 조지훈 장서본으로 봉은사에서 철종 7년 1856년에 간행된 것이다. 목판 한문본에서 한글로 초역된 것은 법보원에서 1962년에 김달진 번역으로 간행된 〈한산시〉이며 이후 일반인들에게 〈한산시〉는 널리 읽히기 시작했다. 김달진의 번역본은 봉은사본을 토대로 한 것이며 이는 조지훈 장서본 그리고 거슬러 올라가면 곽택지포본으로 소급된다. 〈한산시〉의 저자로 알려진 한산자는 중당기(779-836)에 생존했던 것으로 전해지는 전설적인 은자이며 그의 시가 한국에서 읽혀진 것은, 고려시대 최자(崔滋, 1180-1160)의 《보한집》과 진각국사(眞覺慧諶, 1078-1234)의 《조계진각국사어록》에 언급된 것으로 보아, 11세기 전후라고 생각된다. 〈한산시〉는 조선조에 들어와서는 비전의 선서로 널리 유포되어 지물회사로 짐작되는 곽택지포(郭宅紙鋪)에서 간행한 목판본이 유통되었을 것으로 여겨진다.

필자의 관심사는 한국 현대시이기 때문에 그 이전 시대에 관한 영향 관계는 고전문학 연구자에게 맡기기로 하고 현대시와 관련된 〈한산시〉의 영향 관계를 살펴보고자 하는 것이 이 글의 의도이다. 왜냐하면 〈한산시〉는 20세기 한국의 현대시인들에게도 상당한 매력을 불러일으켰으며 그들에게 강한 영향을 미치고 있다고 여겨지기 때문이다. 특히 〈한산시〉가 지닌 야인정신은 현대시의 길이 막히거나 장애에 부딪힐 때 나름대로 하나의 출구가 될 수 있으리라는 기대가 한국의 현대 시인들에게 잠재되어 있었다는 것은 그것대로 흥미로운 연구대상이 되기 때문이다.

현재의 자료 조사에 의하면 현대시인 중에서 〈한산시〉와 영향관계를 살펴볼 수 있는 시인은 조지훈·김달진·정현종·최동호 등을 들 수 있으며 그 외 다른 시인들의 시에서도 그 흔적을 찾아볼 수 있으리라고 생각되지만 이 글에서는 일단 위의 네 시인의 시를 통해 〈한산시〉와의 상관관계를 살펴보기로 하겠다.

2. 조지훈·김달진의 시와 〈한산시〉

20세기 한국의 현대시인들이 고전적 선서로 전해지던 〈한산시〉에 대한 구체적인 관심을 보인 기록이 나타난 것은 1940년 전후이다. 이 시기는 일제의 식민지시대의 압박이 가중된 시기로서 2차 세계대전이 개막되기 직전의 상황이었던 까닭에 사회적 정신적 혼돈이 극심한 상황이었다. 카프 계열의 프롤레타리아 문학은 1935년 그 조직의 해체로 인해 더 이상 문단의 주도권을 가질 수 없었고 전시체제로 전환하는 사회적 상황으로 인해 순수문학 또한 자신의 진로를 가늠하지 못한 문인들의 정신적 불안정으로 인해 활로를 찾지 못하고 있던 시기였다. 이러한 상황에서 문단 경색의 타개책으로 김종한은〈시문학의 정도〉라는 글에서 〈한산시〉의 순수성을 예로 들어 그 활로를 모색하고자 했다.

"순수시의 이론도 쉽게 말하면 〈한산시〉의 序文인 '凡讀我詩者心中須護淨'에 近代性을 가미한 것에 불과할 것입니다."(《문장》, 1939. 10; 같은 책, 202쪽)

여기서 주목할 것은 〈한산시〉에 근대성을 가미시켜야 한다고 주장한다는 점이다. 프롤레타리아문학의 정치적 이데올로기를 간접적으로 부정하고 있다고 여겨지는 이러한 주장은 순수시의 문제 또한 당시의 친일적 문학에 대한 기울어진 일부 문사들에 대한 경고적 의미를 지니고 있다고 판단된다. 그는 순수시는 아무도 도달하지 못한 한산의 도와 같은 것이라는 의미에서 "한산도(寒山道) 무인도(無人到)" (〈한산시〉·306)라는 구절을 인용하고 있는데 그가 당시의 혼탁한 상황을 뚫고 나갈 방도를 〈한산시〉에서 찾고 있다는 것은 주목해야 할 부분이라고 하겠다.

김종한과 동시대의 시인이라고 할 수 있는 조지훈은 더욱 적극적인 관심을 가지고 〈한산시〉에 대해 논했다. 조지훈은 1920년 경북 영양에서 출생했으며 1939년 정지용의 추천으로 등단한 시인이다. 그는 불교계 학교인 혜화전문을 졸업하고 《한글 큰 사전》 편찬에 일시 참여했으며 1941년에는 오대산 월정사에서 외전 강사로 일제 말을 보냈다. 그는 유가의 집안에서 출생하고 성장했으나 불교에도 깊은 관심을 보여주었으며 시와 선을 하나로 일치시키는 매개적인 계기를 〈한산시〉에서 찾았다. 월정사 시절 그는 중앙 문단으로부터는 소외되었지만 시와 선을 탐구하면서 자신의 독자적인 시론을 확립시켰다. 아마도 이 시기에 한산시에 주목했을 것이라 짐작되는데 우선 그는 시론이라고 할 수 있는 〈서창집〉에서 다음과 같이 말했다.

"詩를 읊으니 庭際何所有 白雲抱幽石(〈한산시〉·2)의 句러라. …〈이제 시신이 한산자와 함께 구름을 타고 그대 가슴에 내려 왔도다〉"(《동아일보》, 1940. 7. 9.)

마지 자신이 한산이 된 것 같은 기분에서 이 부분을 기술하고 있다. 이는 그가 그만큼 〈한산시〉를 애송하고 있었다는 뜻이기도 하다. 위의 시에서 우리는 혼탁한 세상을 버리고 자연 속에서 유유자적한 한산의 모습을 발견할 수 있는데 이 점에서 당시의 월정사로 몸을 피해 있던 지훈은 〈한산시〉의 세계에 깊은 공명을 느꼈을 것이다.

조지훈은 시와 선이 하나라는 생각을 가지고 있었는데 〈시선일미(詩禪一味)〉라는 산문에서 자신의 견해를 다시 동일하게 말하고 있다.

> "凡讀我詩者心中須護淨이라고 寒山子는 말했거니와 시를 읽는 자 마음을 닦아야 하겠거늘 하물며 시를 쓰는 자야 말해 무엇하리오."(《문장》, 1940년, 11월)

시를 읽는 자도 마음을 닦아야 하는데 시를 쓰는 자 더 말할 나위가 없다는 것이 지훈의 생각이다. 이는 그대로 선을 통해 마음을 닦아야 하는 수도자의 것과도 동일한 것이라고 보았을 것이다. 지훈은 당시 월정사에 은자처럼 숨어 살고 있었던 까닭에 〈한산시〉에 더 깊이 매료되어 있었을 것이라 짐작된다. 이와 같은 지훈의 관심은 월정사 생활을 청산하고 해방이 된 후에도 계속되었다. 그는 〈방우산장산고〉에서 은자의 삶의 의미를 다음과 같이 강조했다.

> 세상이 알지도 못하는데 숨어서 사는 사람이 있다. 이는 隱逸이 아니다. 隱逸은 出世를 前提로 한다. 불우하고 그 쓰일 데가 아님을 느낄 때 선비가 곧잘 隱逸이라는 美名으로 울며 물러가는 것은 실상 隱逸이 榮達보다 오히려 高價일 때가 많기 때문이다. (은일 1)(《현대문학》, 1955년, 1월 창간호)

지훈이 이 글을 쓰던 당시도 하나의 혼란기였다. 6·25 직후의 혼란이 어느 정도 수습되자 이번에는 정권의 부정이 심화되고 경제적 난국이 가중되던 시기였다. 자유당 정권의 부정과 부패가 심화되기 시작하여 타락 현실에 대한 부정적 인식이 확산되기 시작했을 때 그는 은자적 삶의 의미를 위와 같이 강조했던 것이다.

1960년대 중반 시단이 정체를 거듭하던 시기에 지훈은 다시 한 번 〈한산시〉의 의미를 우리에게 던져준다.

> 어쨌든 가슴이 답답할 때 禪詩를 읽으면 가슴이 후련해진다. 시가 脫俗하려면 먼저 이런 境地를 거닐어 보지 않으면 안 된다. 〈한산시〉처럼 이빨이 시린 시를 읽다가 옹졸한 유자의 시를 읽으면 가슴이 답답해진다.

요즘 우리시도 좀 답답해지고 따분해가는 것 같다. 禪詩 아닌 旋風이라도 불어야겠다. (《신동아》, 1966년 7월)

〈한산시〉가 이빨이 시리다고 한 것은 그만큼 문단의 상황이 고루한 답습에서 벗어나지 못하고 있다고 지훈이 판단했다는 뜻일 것이다. 지훈은 앞에 인용한 바 김종한이 주장한 대로 순수시의 정도를 찾아야 한다는 의미에서 〈한산시〉의 탈속한 경지를 불러오고 싶었을 것이다. 이러한 논거를 통해 볼 때 조지훈은 〈한산시〉를 탈속한 야인정신의 귀감으로 〈한산시〉를 존중했을 것이라고 짐작할 수 있다.

조지훈은 그가 외전 강사로 머물렀던 오대산 월정사 시절을 회고하는 산문 〈돌의 미학〉에서 방한암(方漢岩) 스님을 이야기하면서 다음과 같은 시를 삽입시켜 놓았다.

구름 노을 깊은 곳에
샘물이 흐르느니
우짖는 산새 소리
길이 다시 아득해라
일 없는 늙은 중은
바위 아래 잠든 것을
靑天 白日에 꽃잎이 흩날린다. (《사상계》, 1963년, 12월)

이 시의 분위기나 시적 설정은 〈한산시〉에서 볼 수 있는 산중 은자의 삶 그대로이다. 길이 끊어진 곳에 있는 한산의 길에서 유유자적한 은자의 삶은 세상이 전쟁 준비에 광분하고 있는 것과 대조적이다. 이 시기 지훈은 아마도 〈한산시〉를 읽으면서 자신의 울적한 마음을 달래고 있었을 것이다. 조지훈 시 중에서 〈한산시〉와 상통하는 시를 예거하면 다음과 같이 계열화할 수 있을 것이다. 우선 월정사 시절의 체험이 기저를 이룬 시들로 〈암혈의 노래〉, 〈산방〉, 〈낙화〉, 〈고사〉를 들 수 있고 이는 다시 만년의 역작 〈범종〉으로까지 연결된다고 하겠다. 이렇게 본다면 등단작 1939년 〈승무〉로부터 시작하여 1960년대의 〈범종〉에 이르기까지 지훈 시는 월정사 체험과 〈한산시〉의 선적 감각이 크게 동선을 그리고 있다고 말할 수 있을 것이다.

야외면 야윌수록
살찌는 魂

별과 달이 부서진
샘물을 마신다.

젊음이 내게 준
서릿발을 칼을 맞고

創痍를 어루만지며
내 홀로 쫓겨 왔으나

세상에 남은 보람이
오히려 크기에

풀을 뜯으며
나는 우노라

꿈이여 오늘도
광야를 달리거라

깊은 산골에
잎이 진다.

―〈암혈의 노래〉 전문

이 시는 세상을 피해 산중으로 은거한 한산의 시적 세계를 그대로 나타내고 있다. 지훈은 한글학회 사건과 징용을 피하기 위해 1941년 월정사 외전 강사직을 수

락하고 낙향했는데 낙백시절의 처참한 심정을 위의 시는 여과 없이 과감하게 노래하고 있다.

자신의 시적 감정을 직설어법으로 노래한 이 시는 아마도 월정사로 내려온 직후의 작품이 아닌가 생각된다. 〈암혈의 노래〉에서 한 단계 성숙한 시적 세계를 보여주는 시가 〈낙화〉이다.

> 꽃 지는 그림자
> 뜰에 어리어
>
> 하얀 미닫이가
> 우련 붉어라
>
> 묻혀서 사는 이의
> 고운 마음을
>
> 아는 이 있을까
> 저어 하노니
>
> 꽃이 지는 아침은
> 울고 싶어라
>
> —〈낙화〉 5–9연

위에서 검토한 〈암혈의 노래〉의 노래와 유사한 은자의 심정을 표현하고 있지만 한결 심화된 시적 경지를 보여주고 있다는 점에서 주목할 만한 작품이다. 〈암혈의 노래〉에서 볼 수 있었던 격정은 어느 정도 안정되어 '묻혀서 사는 이'의 고운 마음으로 순화되어 있다. 물론 이 시의 서두에서 보여준 세련된 어법은 마지막에 이르러 '꽃이 지는 아침은/울고 싶어라'로 끝맺고 있지만 전체적으로 화자의 격정이 승화되어 시적인 격조를 지니고 있다.

화자 자신의 감정이 시의 문면에 토로된 것이 〈암혈의 노래〉와 〈낙화〉라면 보다 순연한 산중 생활을 노래한 시는 〈산방〉이다. 이 시는 자연 속에 순화되어 화자와 자연이 일체화되어 있으며 화자의 개인적인 감정의 토로는 배제되어 있다.

> 닫힌 사립에
> 꽃잎이 떨리노니
>
> 구름에 싸인 집이
> 물소리도 스미노라
>
> —〈산방〉 1–2연

이 시에는 자연 그 자체만 그려져 있다. 인간의 존재가 배제된 순수한 자연 그 자체라고 부를 수 있는 세계가 펼쳐져 있다. 현실이 전쟁 준비에 광분하여 총동원령이 내려져 있는 상황에서 이렇게 자연과 더불어 살고 있다는 것은 어떻게 보면 아주 이질적인 것이라고 할 수 있지만 지훈의 경우는 〈암혈의 노래〉에서 본 것처럼 외적의 창이(瘡痍)에 쫓겨 어쩔 수 없는 선택이었다고 하겠다.

일제 말 식민지 시대의 암울하고 극단적인 현실의 압박이 제거되었을 때라고 할 수 있는 광복 직후 그가 적극적으로 현실로 나아간 것은 산중으로 피신한 그의 삶이 일시적인 것이었으며 그것이 어디까지나 일제의 강압을 피하기 위한 것이었음을 알 수 있다. 지훈이 〈한산시〉의 선감각을 익혀 나름대로 독자적인 시 세계를 구축한 것은 해방 후인 1948년에 발표된 〈고사 1〉이다.

> 木魚를 두드리다
> 졸음에 겨워
>
> 고오운 상좌아이도
> 잠이 들었다
> 부처님은 말이 없이
> 웃으시는데

서역 萬里ㅅ길
눈부신 노을아래
모란이 진다

—〈고사 1〉 전문

이 시에서 두드러져 보이는 것은 여백과 언어적 절제이다. 시행에 많은 말을 구사하지 않으면서 여백을 통해 화자는 그가 하고자 하는 말의 울림을 전하고 있다. 조지훈 한 사람의 선감각만이 아니라 한국 현대시에 나타나는 선감각을 대표하는 시편 중의 하나이다. 〈낙화〉와 더불어 월정사 선방 체험이 무르녹아 있는 작품이라는 점에서 〈한산시〉의 선감각을 한국적으로 극복한 시라고 평가하여도 무방할 것이다. 〈암혈의 노래〉에서 드러나 있던 격정과 울분도 삭혀져 말없이 웃으시는 부처님의 표정은 그대로 염화시중의 미소처럼 독자에게 읽혀진다고 하겠다. 이 시를 매개로 하여 지훈 시는 1964년 〈범종〉으로 전개되는데 이 지점에 이르러서는 〈한산시〉의 영향권을 벗어나 지훈의 독자적인 세계가 열려진 것이라 해석해도 무방할 것이다.

김달진은 1907년 경남 창원에서 출생하여 1934년 금강산 유점사에 입산했으며 1939년 중앙불교전문학교를 졸업했다. 그는 1926년 《문예공론》으로 등단했으며 1940년 시집 《청시》를 출간했다. 유점사에서의 승려생활은 그로 하여금 불교적 세계에 깊이 침잠하게 만들었으며 〈한산시〉는 그에게 많은 영향을 주었던 것 같다. 특히 그가 1963년 한문본 〈한산시〉를 처음 한글로 번역했다는 것은 〈한산시〉를 논하는 우리에게 간과할 수 없는 기념비적인 사건이라고 할 수 있다. 그가 산문에서 특별히 〈한산시〉에 대해 언급한 것은 찾기 힘들다. 그럼에도 은자적 성향을 지닌 그는 오래전부터 〈한산시〉를 읽었을 것으로 짐작되며 그 영향 또한 상당한 것이었다고 짐작된다. 그의 대표작 중의 하나인 〈청시〉에서는 인간의 손길이 가해지지 않은 자연 그대로의 순연한 세계에 대한 시적 통찰을 엿볼 수 있다.

유월의 꿈이 빛나는 작은 뜰을
이제 미풍이 지난 간 뒤
감나무 가지가 흔들이우고

살진 암록색 잎새 속으로
보이는 열매는 아직 푸르다

—〈청시〉 전문

인간의 손길이 느껴지지 않는 자연 그대로의 모습이 전면에 부각되어 있다. 물론 그것은 이 시를 쓴 시인의 의도적인 기술에 의해 성립된 세계이다. 이 시에서 '작은 뜰'은 그것대로 하나의 우주이다. 이 우주의 존재를 생성하는 미풍이 있음으로 인해 그것은 죽어 있는 세계가 아니라 생명이 숨 쉬는 세계가 된다. 작은 뜰을 스쳐가는 미풍이 푸른 열매를 숙성시키고 있다. 유월의 꿈이 빛나고 있다고 표현한 것으로 보아 이 시를 지배하고 있는 풍광은 눈부신 해가 빛나고 있을 것이다. 작은 뜰에서 우주의 숨결을 느끼고 있다는 점에서 김달진은 조지훈이 〈암혈의 노래〉에서 노래한 울분과 격정의 감정과는 다른 시적 감각을 지닌 시인이라는 사실을 알 수 있다. 김달진의 시가 한산의 체취를 보여주는 것은 〈돌바위〉라고 할 수 있다.

깊은 산 깊은 숲 속에
바위 하나 있다
숨어 살으매 이름 없는 돌바위

싸늘한 마음을 참고 살았다
바람소리에 꿈꾸며 늙었다

토끼똥이 놓였다
부엉이 깃이 있다

해와 달과 그늘과 별이 가고 온 자취—
칡넝클 인동넝쿨들이
어즈러이 얼크러지고

푸른 이끼 뿌리를 헤쳐 향그런 냄새
여름 한나절 한 꿈이 아득하다

—〈돌바위〉 1–5연

김달진의 〈돌바위〉는 깊은 산 속에 있는 돌바위를 노래하고 있지만 실상 화자 자신의 꿈을 노래한 것이다. 여기서 돌바위는 자연 그대로의 돌바위이기도 하지만 화자 자신이기도 하다. 돌바위의 꿈은 그 자신의 꿈이기도 한 것이다. 바람 소리에 꿈꾸는 돌바위는 여름 나절 향그런 냄새에도 아득히 꿈꾸는 돌바위이다.

〈청시〉가 인간적 체취를 배제한 자연 그대로의 꿈을 찰나적으로 포착하여 노래한 것이라면〈돌바위〉는 자연 그대로의 바위를 통해 '천만년 살아도 말없는 돌바위/천만년 늙어도 천만년 젊었다'라는 표현에서 볼 수 있듯이 영원한 생명체로서의 돌바위를 노래한 것이다. 결과적으로 〈청시〉가 찰나의 순간 자연을 포착한 것이라면〈돌바위〉는 자연 자체의 영원성을 노래한 것이라고 할 수 있다. 김달진의 〈돌바위〉는 〈한산시〉의 다음 시편을 연상시킨다.

층층 바위틈이 내가 사는 곳
다만 새 드나들고 인적은 끊어졌다.
좁은 바위 뜰 가에 무엇이 있나.
그윽히 돌을 안은 흰 구름만 감돌 뿐.
내 여기 깃든 지 무릇 몇 핸고
봄과 겨울 바뀜을 여러 차례 보았네.
그대 부자들에게 내 한 말 부치나니
헛된 이름이란 진정 헛것뿐이니라.

重巖我卜居 鳥道絕人跡 庭際何所有 白雲抱幽石
住玆凡幾年 屢見春冬易 寄語鍾鼎家 虛名定無益

위의 시는 〈한산시〉의 대표적인 명구로서 알려진 '정제하소유(庭際何所有) 백운포유석(白雲抱幽石)'을 포함 부분으로서 인적인 끊어진 곳에서 유유자적한 삶을 노래한 것이다. 천만년 늙어도 천만년 젊은 돌바위의 무궁한 생명을 노래하면서 '허명정무익(虛名定無益)'을 말하고 있다는 점에서 김달진의 시와 상통하는 시적 발상을 지닌 것이라고 하겠다. 〈한산시〉의 은둔적 삶의 여유로움은 〈한산시·167〉에도 나타난다.

> 내 한번 한산에 숨은 뒤로
> 산과실 먹으면서 목숨을 길러 오네.
> 이 한평생 무엇을 걱정하리.
> 인연을 따라 이 세상 지내거니
> 인생은 흘러가는 시냇물인가?
> 세월은 돌 속의 불과 같나니
> 천지 변하는 것 그대로 맡겨 두라.
> 나는 즐거이 바위 틈에 앉아 있네.
>
> 一自遯寒山 養命飡山果 平生何所憂 此世隨緣過
> 日月如逝川 光陰石中火 任佗天地移 我暢巖中坐

바위틈에 숨어 살며 천지의 변화를 자연 그대로의 순환에 맡겨두는 시적 발상은 김달진이 돌바위를 은자적 삶에 비견한 것과 유사한 시적 발상이라고 하겠다. 그렇다면 김달진은 왜 이와 같은 노장적 자연사상에 근거한 시적 상상을 보여주는 것일까. 이는 그가 생명의 근원으로서 인간의 존재를 생각하고 이를 벗어난 영원한 생명에의 회귀를 지향하였기 때문일 것이다.

> 무한한 밤의 기류
> 커다란 정적의 바다
> 뭇 성좌의 별빛 아래
> 나는 한 송이 연꽃처럼 누워 있다
> 모든 열망도, 시름도 가고
> (침묵 속에 빛나는 하얀 영혼이여)

머리맡에 고독한 등불 바라며
나는 하나 낡은 꿈처럼……

먼 태고— 나는 생각한다. 황금의 해안을 출범하는 내 최초의 생명의 배, 그리하여 보랏빛 하늘가로 돌아가는 구름처럼 사라지는 생명의 노래.

아, 하나의 추억도 남기지 말게 하라.

—〈평화〉 전문

이와 같이 지상에서의 삶 또는 세속에서의 삶은 그에게 무의미한 것으로 여겨졌기 때문에 그는 세속을 포기하고 출가하고 은둔적 삶을 살았다고 하겠다. 세속에서의 삶은 그에게 하나의 몽환으로 느껴졌을 것이다. 열망도 시름도 사라진 자리에서 그는 하나의 추억도 남기지 않을 때 진정한 평화를 가질 수 있었을 것이며 그러한 열망을 표현한 것이 위의 시이다. 그러나 실제로 그의 삶은 다음과 같이 성속의 경계에 있었던 것이라고 판단된다.

사람들 모두
산으로 바다로
신록철 놀이 간다 야단들인데
나는 혼자 뜰 앞을 거닐다가
그늘 밑의 조그만 씬냉이꽃 보았다.

이 우주
여기에
지금
씬냉이꽃 피고
나비 날은다.

—〈씬냉이꽃〉 전문

1984년 《현대문학》에 발표된 위의 시는 김달진의 만년의 작품이다. 이 시에서 그는 우주의 한 모퉁이에서 피어난 작은 씬냉이꽃을 본다. 사람들이 모두 신록철 놀이 간다고 야단스럽게 밖으로 나갈 때 그는 홀로 뜰을 거닐면서 씬냉이 꽃과 나비가 날고 있는 계절의 순환을 본다. 그것은 사람들의 신록철 놀이와는 무관하게 운용되는 자연 그 자체의 순환을 드러내는 생명 현상이다. 이 생명 현상을 자신의 존재의 의미와 일체화시켜 보았던 것이 김달진의 시적 상상이다. 그런 의미에서 김달진은 세속의 유혹을 떨쳐버린 〈한산시〉의 무위자연 사상을 가장 잘 표현한 시인이라고 할 수 있을 것이다.

3. 정현종·최동호의 시와 〈한산시〉

정현종은 1939년 서울에서 출생했으며, 1964년 《현대문학》을 통해 등단했다. 경쾌하고 다채로운 언어의 현란함을 그의 시편들은 때때로 동양의 고전을 현대적으로 변용시키는 데 남다른 역량을 보여주었다. 특히 그는 〈한산시〉에 유난히 깊은 관심을 표명했는데 산문 〈시와 자기 동일성〉에서 그는 한산을 성속의 매개자로서 그리고 인간과 자연을 잇는 중개자로 한산을 인식하고 있다.

> "나와 나 아닌 것, 이것과 저것, 서로 다른 것들이 자기이면서 동시에 다른 것이 될 수 있는 공간이 시의 공간이다. 시를 가리켜 예술과 역사, 인간과 자연, 성(聖)과 속(俗)을 연결하는 다리라고 하는 까닭이 거기에 있을 것입니다."(《거지와 광인》 나남문학선 7, 나남, 1985, 33쪽.)

그는 시가 나와 나 아닌 것을 동일시하는 것이라는 시론을 전개하면서 거지와 광인의 속성을 동시에 가진 한산에 관심을 표명했다. 이는 한산의 야인적인 기질이 그에게 매력적으로 인식되었기 때문일 것이다. 하나이면서 둘이고 둘이면서 하나라는 논리는 불교의 '일즉다(一卽多)'라는 논리와 통하는 것으로서 한산이야말로 온몸으로 그것을 체현한 인물이라고 보고 정현종의 한산에 대한 관심은 일시적인 것이 아니라 지속적으로 나타난다는 사실이 주목된다.

나는 너희가 體現하고 있는 저 오묘한
뜻을 알지만 나는 짐짓 너희를 외면한다
왜냐하면 나는
안팎이 같은 너희보다
(너희의 이름은 안팎이 같다는 뜻이거니와)
안밖이 다른 나를 더 사랑하니까.
너와 나는 그 동안
隱喩 속에서 한 몸이었으나
실은 나는 秘意인 너희를 해독하는
기쁨에 취해
그런 주정뱅이의 자로 세상을 재어 온지라
나는 아마 醉中得道했는지
인제는 전혀 구별이 안 가느니-
누가 거지고
누가 광인인지

(구걸이든 미친 짓이든
寒山이나 프란체스코
덤으로 그 八寸 그림자들쯤이면
필경 우주의 숨통이려니와)

—〈거지와 광인〉 전문

거지와 광인은 둘이 아니라 하나이며 그들은 취중 득도자로 인식하고 있음을 보여주는 것이 위의 시이다. 정현종은 이를 한산에 국한시키지 않고 서양의 성인 프란체스코와도 동일시하는데 이들은 모두 거지와 성인의 양면을 하나로 가지고 있는 분들이다. 아마도 그는 시인도 그들과 동류의 인간이라고 보았다고 말할 수 있는데 그들이 모두 우주의 숨통이라고 생각하고 있다는 것이 그의 독특한 시적 인식이라고 하겠다.

정현종은 〈한산시〉를 김달진의 한글 번역으로 보았을 것이라 짐작되는데 〈한산시〉의 다음 부분은 정현종의 시적 발상의 한 근거가 되리라고 여겨진다.

時人見寒山　요즘 세상사람 한산을 보고
各謂是風顚　저희끼리 이르기를 미치광이라고 하네.
貌不起人目　얼굴은 남의 눈에 띄지 않고
身唯布裘纏　몸에는 언제나 누더기 감았을 뿐.

—〈한산시 201〉

한산이 누더기를 걸치고 남에게 구걸을 한다고 하더라도 그는 단순한 광인이 아니라 진리를 개달은 성자적 인간이다. 이 점에서 한산과 프란체스코는 서로 통하는 인물들이라고 하겠다. 그들이 그렇게 태도를 취하는 것은 진리의 참모습을 전하기 위해서라고 볼 수도 있다. 인간에 의해 만들어지는 모든 작위적인 것들은 인위를 가하지 않은 자연 그대로의 것에 비견할 수 없다. 인간의 흔적이 전혀 없는 자연 그대로의 천진을 깨닫고 싶은 것이 정현종의 소망이고 이러한 소망으로 인해 그가 한산이나 프란체스코의 삶을 동경하는 이유이기도 하다. 다음 시편을 읽어보면 정현종의 이러한 성향은 약여하게 나타난다.

보아라 깊은 밤에 내린 눈
아무도 본 사람이 없다
아무 발자국도 없다
아 저 혼자 고요하고 맑고
저 혼자 아름답다

—〈시, 부질없는 시〉 제2연

위의 시에서 말하고 있는 것처럼 시를 쓴다는 행위 그 자체도 어쩌면 부질없는 일인지도 모른다. 인간의 발자국이 없는 순연한 자연 그대로의 세계 그것은 훼손될 수 없는 아름다움을 지니고 있는 것이다. 인위를 가하지 않고 자연 그 자체의 순리에 맡겨두는 것이야 말로 한산이 그의 시에서 지속적으로 강조하고 있는 바이다.

我居山　　내 산에 숨어
勿人識　　아무도 모른다.
白雲中　　흰 구름 속에
常寂寂　　언제나 적적하다.

—〈한산시·308〉

화자가 산에 숨어 있는지 아무도 모르는 상태, 세속을 떠난 그는 완전히 자연과 일체화된 인간이라고 할 수 있다. 흰 구름은 언제나 적적한 그대로이다. 자연에 인위의 그림자도 보이지 않는다. 그것이 한산의 이상이자 정현종의 시적 이상이기도 하다. 이 점에서 정현종의 시적 상상은 한산과 그대로 일치된다.

水面과 한 몸으로
나도 퍼신다
가없는 마음이
여기 있구나

—〈매지호에 가서〉

이 시에서 화자는 수면과 일체화된다. 그 일체화에서 가없는 마음을 인식한다. 산속으로 들어가 흰 구름 속에 언제나 적적한 한산의 마음을 떠올려볼 수 있다. 이러한 시적 인식은 다음과 같이 더욱 확대된다.

내가 잃어버린 구름이
하늘에 떠 있구나

—〈내가 잃어버린 구름〉

위의 시들의 전개를 요약하면 〈거지와 광인〉에서 〈시, 부질없는 시〉로 여기서 〈매지호에 가서〉로 연결되며 다시 〈내가 잃어버린 구름〉 등으로 이어지는 정현종 시의 계보가 이루어진다. 이렇게 본다면 정현종의 〈한산시〉 탐구는 지속적이며 집중적인 것이었다고 하겠다. 그의 시 중에서 명편으로 알려진 〈고통의 축제〉에서 〈섬〉으로 이어지는 동선 또한 〈한산시〉와 깊은 상관성을 가지면서 시적 발전을 보여준 것이라고 볼 수 있는 가능성이 열린다.

최동호는 1948년 경기도 수원에서 출생했으며 1976년 시집 《황사바람》으로 등단했다. 그는 1979년 신춘문예 문학평론으로 등단해 시와 비평 양쪽을 아우르며 활발한 문단 활동을 펼쳤다. 그가 〈한산시〉를 읽은 것은 1980년대부터라고 하는데 이후 그는 김달진의 〈한산시〉 번역본을 여러 차례 수정 보완하는 데 힘을 기울였다. 시집 《딱따구리는 어디에 숨어 있는가》(민음사, 1995)에 그는 〈한산시〉를 소재로 한 시 두 편을 선보이고 있다. 우선 〈여름 한산사〉를 살펴보기로 하겠다.

> 때때로
> 하늘 편지 구름에게 받아보고
> 언제나 적적한
> 마당을 쓴다
>
> 드문드문 빗방울에
> 지워지다 흐리게 남아 있는
> 산새들의 야윈 발자국
>
> 울울한
> 바위틈에 찾아올 길 없는
> 집 한 채 지어놓고
>
> 때때로
> 이끼 낀 물소리 베개하고
> 바람 소리 적적한
> 귀를 씻는다.
>
> —〈여름 한산사〉 전문

이 시의 중심은 적적함이다. 그곳은 산사를 배경으로 하고 있다. 사람들이 찾아올 수 없는 바위틈에 이 시의 화자는 살고 있다. 그는 세상사의 번잡함으로부터 벗어나고자 한다. 구름편지는 〈한산시〉에 자주 등장하는 이미지를 변용한 것이다. 바위틈 사이의 손바닥만 한 마당이 화자에게 주어진 공간이라 하겠는데 그 공간은 구름편지로 인해 바다같이 넓어진다. 하늘과 땅이 소통하는 공간이 된다. 하늘에서 떨어지는 빗방울만 도달할 수 있는 공간에 화자는 자신만의 청정한 세계를 가지고자 한다. 겨우 기거할 만한 작은 초가 하나 지어놓고 그는 물소리를 베개하고 산다. 세속으로부터 아주 멀리 벗어나고 싶다는 것이다. 그의 소망은 마지막 연에서 더욱 강조된다. 그의 적적함을 일깨우는 바람소리에 나머지 번다함마저 씻어내기 때문이다. 이 시의 제목을 〈여름 한산사〉라고 했지만 〈한산시〉로부터 직접적인 인용은 없다. 그러나 구름편지나 바위틈의 이미지들은 모두 〈한산시〉를 연상시키며 세속을 벗어나고 싶다는 근원적인 충동 또한 〈한산시〉를 매개로 전개되는 시적 상상이라고 하겠다. 〈여름 한산사〉가 세속 도시로부터의 탈출을 노래한 것이라면 〈겨울 한산사〉는 세속에서의 갈등을 좀 더 구체적으로 드러낸다.

겨울 눈 깊어지면
얼음 속에 갇혀 있는 모래알처럼
눈과 더불어 편안한 산사에 들어가
홀로 〈한산시〉를 읽으리라

얼음 기둥 울퉁불퉁 뿌리 뻗은
빙벽 앞에서 충혈된 눈길 씻으며
폭포수 바위를 타고 가슴으로 흘러내리는
청정한 물소리를 들으리라

정갈한 겨울 눈 발등에 덮고
찬바람으로 잔가지를 키우는
정정한 나무들 사이에서
마음껏 소리 질러 가슴을 펴리라.

인적이 끊긴 눈 속에서
밤늦도록 몰아치는 쓸쓸한 바람의
낯선 목소리를 등불 밑에서 찾으리라.
눈 그친 산과 들에 쏟아지는 무량한 햇빛을
잔잔히 흔들리는 갈대와 함께
눈이 시리도록 바라보리라.

아스팔트 길 비추는 휘황한 불빛 사이로
녹아서 물이 되는 함박눈 밟으며
시멘트벽 속의 철문을 열고 들어가는
오늘은 새우등 춥게 구부리고

내내 잠들지 못하리라.

—〈겨울 한산사〉

이 시의 화자는 세속에서의 갈등으로 인해 많은 고통을 겪고 있다. 그가 그리는 청정한 세계는 눈 속의 한산사를 찾아가 그의 마음에 쌓인 번민을 다 고백하여 마음을 정화시키고 싶다. 현실에서 말하지 못하고 억누르고 있는 울분을 토로하고 싶은 것이다. 〈여름 한산사〉에서의 빗방울의 이미지가 이 시에서 눈의 이미지로 바뀌어 있는데 이 눈의 이미지가 화자가 말하고 싶은 청정한 세계에의 동경을 있는 더욱 강조하고 있다. 인적인 끊긴 눈발 속에서 그는 쓸쓸한 바람의 소리를 들으며 자신을 돌아보고자 하는 것이다. 그리고 눈 그친 다음 날의 무량한 햇빛 속에서 새롭게 갱신된 자신을 만나고 싶은 것이다.

왜냐하면 지금 그는 도시의 아파트에서의 누추한 삶을 살아가고 있기 때문이다. 도시생활이 머금고 있는 인간의 온갖 욕망의 얼크러짐으로부터 탈출하고자 하는 것이 그의 소망이다. 아스팔트길을 비추는 휘황한 불빛들이 그가 진정으로 살고자 하는 삶의 방향성을 가로막고 있는 까닭에 그는 눈발이 쏟아지는 한산사로 가고 싶은 것이라 하겠다. 여기서 한산사는 청정한 삶을 통해 진정한 자기를 찾고 싶은 화자가 소망하는 근원적인 지향점으로 인식된다. 그러므로 한산사는 구체적인 고유명사라기보다는 하나의 상징으로 보아야 할 것이다.

〈한산시〉와 연관해서 고찰할 때 최동호의 시적 전개는 〈여름 한산사〉에서 〈겨울 한산사〉로 그리고 다시 〈빗방울〉로 변주된다.

새벽바람 불러오는
목탁소리

먹물 든 산그림자를
지우고 있는 사람

마당을 북처럼 두드리다
바다로 가는 빗방울

머리에 피뢰침 꽂고 간
요절시인

—〈빗방울〉

최근 2011년 간행한 시집 《얼음 얼굴》(서정시학, 2011)에 수록된 이 시는 〈여름 한산사〉에 등장하는 빗방울의 이미지를 좀 더 심화시켜 표현하고 있다. 시의 문면에 화자의 갈등을 드러내지 않으면서 갈등의 극복과 정화를 간결하게 압축시켜 놓았다. 빗방울은 전과 같이 정화의 이미지이지만 바다의 이미지와 결합되어 중생의 고뇌를 마지막 연에서 벼락처럼 드러내고 있다. 이 시에서 요절시인은 화자 자신이기도 하지만 종전의 시에서 보이던 갈등을 객관적으로 표현하고 있다는 점에서 시적 완결성을 보여준다. 그럼에도 전체적으로는 〈한산시〉의 연장선에서 이 시를 읽을 수 있다.

제1–2연의 목탁소리나 산그림자는 물론이고 제3연의 마당의 이미지도 그러하다. 이러한 전제들은 마지막 연을 준비하기 위한 예비적인 설정이지만 청정함을 동경하는 화자의 의식이 한 극점에 도달해 있음을 나타내는 이미지이기도 하다. 이렇게 본다면 〈한산시〉가 지향한 시적 상징은 최동호의 시에 독자적으로 변용되어 현대적 의미를 가지게 되었다고 할 수 있을 것이다.

4. 마무리

〈한산시〉는 앞에서 논한 것처럼 한국에서 고려시대부터 대략 1,000년 동안 읽혀 온 대표적인 선시 중의 하나이다. 이 글에서 필자는 〈한산시〉와 고전문학과의 상관성을 논한 것이 아니라 20세기 이후 한국의 현대 시인들에게 〈한산시〉가 어떻게 받아들여졌으며 그들의 시에 어떤 영향을 주었는지 살펴보는 것을 목적으로 했다. 〈한산시〉는 여기서 검토한 네 사람의 시인들 이외에도 이성선, 조정권, 최승호 등 동시대의 다른 시인들에게 읽혀졌으며 그들의 시에 영향을 준 흔적이 발견된다. 그러나 논의의 집중을 위해 일단 위의 시인들의 시에 한정시켜 보았다. 〈한산시〉의 매력은 그 야성적인 비판의 목소리이다. 제도권에 얽매인 기득권자의 시각에서 사물을 바라보는 것이 아니라 기존의 제도권을 비판하고 진실한 깨달음을 전하는 살아 있는 목소리를 전해 준다는 점에 〈한산시〉의 생명력이 있다. 〈한산시〉의 가르침은 현실이 욕망의 들끓어 미래를 전망할 수 있는 진로가 보이지 않을 때 언제나 이 난관을 뚫고 나가고자 하는 사람들에게 생명수로서의 역할을 할 것이다.

〈한산시〉의 내용은 대체로 다음 네 가지로 구별된다. 우선 자기 성취를 이루지 못한 자들의 울분을 토로하는 현실비판의 시들, 허례허식에 빠진 불교는 물론 유교와 도교에 대한 비판을 드러내는 종교비판의 시들, 세속적이며 현실적인 세계를 벗어난 은자의 자연시들 그리고, 자연을 통해 삶의 무상함을 노래한 진정한 깨달음의 시들이 그것이다. 양적으로는 현실 비판의 시들이 가장 많다고 할 수 있다. 그러나 이들 요소들은 상호 밀접한 상관성을 지닌 것들로서 어느 하나만을 분리시켜 생각할 수는 없다. 〈한산시〉와 연관시켜 위에서 거론한 한국의 시인들의 성향을 살펴본다면 다음과 같이 말할 수 있을 것이다.

조지훈의 경우는 현실비판의 시들과 은자의 자연시들이, 김달진의 경우는 은자의 자연시들이, 정현종의 경우는 은자의 자연시들과 깨달음의 시들이, 최동호의 경우는 현실비판의 시들과 은자의 자연시들이 중심적으로 나타난다고 하겠다.

물론 이런 경향들은 개인적인 기질이나 성향으로 인해 약간의 편차를 드러내기는 하지만 기본적으로 모두 깨달음이라는 근원적인 진리를 지향하는 시심에서 비롯된 것들이라 할 수 있다.

〈한산시〉는 과거의 시가 아니다. 그것은 살아 있는 고전이다. 물신주의가 지배하는 디지털 시대에서 물질적 풍요로 마비되어 가는 인간성에 대한 비판적 자각을 일깨우는 시로서 〈한산시〉는 역사적 중요한 의미를 갖는다. 오늘의 현실을 돌아볼 때 조지훈이 느꼈던 것처럼 답답하고 암담함을 금할 수 없다. 사회 발전은 가속화되고 있음에도 불구하고 오히려 기득권자들의 탐욕에 의한 현실에의 억압이 가중되고 사회적 양극화에 의한 물신주의적 성향이 극대화될 때 〈한산시〉는 더 의미 있게 우리들에게 다가올 것이라 확신한다. 현실에 안주하는 타성을 질타하고 이를 일깨우는 〈한산시〉의 목소리는 언제나 현실과의 야합을 거부하는 야성적이며 비판적인 정신을 전해준다는 점에서 앞으로도 강한 힘을 갖고 미래의 한국 시인들에게도 지속적으로 영향을 미칠 것이라 전망한다.

한국 현대시에 나타난 금동미륵반가사유상 고찰

1. 새벽의 어둠과 비

잠이 깨 의식이 드는 순간 어젯밤에 있었던 일들이 주마등처럼 지나갔다. 눈을 감고 잠시 뒤척이다가 부스스 일어났다. 아직 거실 안은 어둠에 감싸여 있었다. 창밖을 보니 비에 젖은 새벽 거리를 몇 사람이 우산 없이 걸어가고 있었다. 어둠 속에서 차를 한 잔 마시고 잠시 앉았다가 커튼 밖으로 비가 내리는 어두운 거리를 질주하는 자동차들의 불빛을 보았다.

오랜만에 빗방울을 맞으며 새벽길을 걷는 것도 좋을 것 같았다. 양재천 가까운 곳에 차를 세우고 강변을 지나 공원 안 숲길로 들어가니 비가 세차게 쏟아지기 시작했다. 무수한 물방울들이 연약한 푸른 이파리들을 두드려 바람에 날리게 하고 흙바닥에는 빗물이 만들어낸 작은 물줄기가 흘러가고 있었다. 묵묵히 비를 맞으며 걸었다. 마치 내 인생의 시작이 알 수 없는 곳으로부터 시작했던 것처럼 이 낯선 길에 처음 들어선 것 같았다. 묵묵히 빗방울에 옷깃을 적시며 생각해 보았다. 굵은 빗방울들은 대체 어디서 와서 다시 어디로 흘러가는 것일까. 이미 생각 속에서 오래전에 지워버린 질문들이 빗속에서 생소한 질문처럼 떠올랐다. 고등학생 시절 인생이란 무엇인가 죽음이란 무엇인가 하는 의문에 사로잡혀 거의 입시 공부를 하기 힘든 적이 있었다. 그 시절 나를 속박하던 인생에 대한 의문은 한용운의 시에 다음과 같이 표현되어 있었다.

> 바람도 없는 공중에 수직의 파문을 내이며, 고요히 떨어지는 오동잎은 누구의 발자취입니까.
>
> 지리한 장마 끝에 서풍에 몰려가는 무서운 검은 구름의 터진 틈으로, 언뜻언뜻 보이는 푸른 하늘은 누구의 얼굴입니까.
>
> 꽃도 없는 깊은 나무에 푸른 이끼를 거쳐서, 옛 탑 위의 고요한 하늘을 슬치는 알 수 없는 향기는 누구의 입김입니까.
>
> 근원은 알지도 못하는 곳에서 나서, 돌부리를 울리고 가는 가늘게 흐르는 적은 시내는 굽이굽이 누구의 노래입니까.
>
> 연꽃 같은 발꿈치로 갓이 없는 바다를 밟고, 옥 같은 손으로 끝없는 하늘을 만지면서, 떨어지는 날을 곱게 단장하는 저녁놀은 누구의 시입니까.
>
> 타고 남은 재가 다시 기름이 됩니다. 그칠 줄 모르고 타는 나의 가슴은 누구의 밤을 지키는 약한 등불입니까.
>
> —〈알 수 없어요〉 전문[1]

위의 시는 처음부터 끝까지 질문으로 일관되어 있다. 지구상에 인간이 존재한 이래 지속된 질문일 것이다. 인간이 쉽게 자기의 존재를 알 수 없다. 나는 누구인가? 이 의문을 푸는 것이야말로 생명을 지닌 인간이 존재자로서 가지는 가장 근원적인 과제일지도 모른다. 특히 마지막 행 '그칠 줄 모르고 타는 나의 가슴은 누

1) 최동호 편, 《한용운 시전집》(서정시학, 2009), 35쪽.

구의 밤을 지키는 약한 등불입니까'라는 구절을 나는 좋아했다. '약한 등불'이라는 표현이 사춘기 소년 시절의 나에게 깊은 인상을 남겼다. 인간은 약한 존재라는 명제가 어려움에 봉착할 때마다 나에게는 새로운 힘의 원천이 되었다. 한용운이 위의 시에서 던진 많은 의문들은 내 인생의 고비마다 여러 가지 형태로 다시 떠올랐다. 이 의문을 풀기 위해 한때 출가를 생각해 본 적이 있었으나 그것은 커다란 용기를 필요로 하는 일이었다. 나는 문학을 통해 이 의문들의 실마리를 풀어나가기로 하고 문학을 공부하는 것을 내 인생 목표로 삼았다.

자신의 존재에 대해 생각하는 순간 인간은 자기를 의식한 존재로서 다시 태어난다. 새롭게 태어난 인간은 비로소 자신의 감정을 독자적으로 느끼는 인간으로 독립적인 존재가 된다. 그럼에도 인간의 사유와 감정 속에는 얼마나 많은 뒤엉킴이 존재하는가. 빛이 보이지 않는 앞길을 가로막고 있는 이 엉킴의 회로 속에서 나에게 가장 선명하게 각인된 것은 중학생 시절 미술 시간에 만난 로댕의 〈생각하는 사람〉이었다. 그 조각에서 받은 충격은 오래도록 내 머리를 떠나지 않았다. 그 충격의 이유는 잘 알 수 없었다. 지금 많은 시간의 우회로를 거쳐서 이제 내가 말할 수 있는 것은 〈생각하는 사람〉은 생각이 없다는 것이다. 단순한 생각이 아니라 사유가 없다는 말이다. 여기서 말하는 사유란 인생에 대한 근원적인 질문을 자기화하는 과정을 뜻한다. 〈생각하는 사람〉에게는 신의 심판에 대해 고통받는 인간의 번민이 있지만 독자적 존재로서 인간의 사유가 없다는 것이다. 신에 예속된 존재로서의 인간이 지옥문 앞에서 심판에 대한 두려움으로 떨고 있는 것이 아닐까 하는 것이 나의 생각이었다. 존재에 대한 공포와 전율이 〈생각하는 사람〉의 주변을 감싸고 있다는 느낌을 오래도록 지울 수 없었다.

문학을 본격적으로 공부하고 불교에 더 깊숙이 빠져들면서 나는 서양의 신과 원죄설로부터 조금은 자유로워졌다. 기독교적 사유 속에는 부정과 긍정의 변증법이 잠복되어 있다는 것을 조금은 알게 되었다. 인간을 긍정하고 무한 방대한 자유로운 상상을 펼치는 불가나 도가의 사상은 청년기의 불안과 방황을 어느 정도 치유해 주었다. 서서히 '생각하는 사람'으로부터 멀어진 나는 우연히 우리나라의 '반가사유상'에 관심을 갖기 시작했다.[2] 왜 '반가사유상'에 주목하기 시작했는지 이유

2) 국보로 지정된 반가사유상은 두 종류인데 국보 78호와 국보 83호가 있다. 강우방은 이를

는 잘 모르겠지만 아마도 사춘기를 지나고 청년기를 넘어선 대학생 시절 후반부터 여기에 관심을 갖기 시작했다. 바라보는 이로 하여금 무언가 아름다운 미소를 느끼게 만드는 이 조각품은 이상한 형이상학적인 매혹으로 오래도록 나를 놓아주지 않았다.

> 반가사유상의 그 미소는 삼국시대 불상 전체에 나타나 있고, 또 같은 시대 중국에도 있으나, 신비스러운 미소임에 틀림없다. 우리 삼국시대의 불상은 미래의 부처에 대한 숭앙과 내세를 생각하면서 현세를 살아가는 삼국시대 사람들의 사상이 나타난 것이다. 삼국시대에 상당히 많은 수의 반가사유상을 제작하였고, 그러한 대표적인 작례를 통하여 삼국시대 불상이 상징적이고, 신비스러운 표현이 나타난 불상이라는 것을 느낄 수 있다.[3]

위와 같은 반가사유상의 신비한 미소에 대한 진홍섭의 언급을 돌이켜 볼 때 아마도 한국인 이 지닌 고유한 미소의 상징성이 예술적으로 승화된 사유상의 미소는 내 마음의 깊은 곳으로부터 우러나오는 어떤 인간적 공명을 불러일으킨 것 같다. 여기서 강조되어야 하는 것은 한국적이라는 개별적인 미의식이 보편성을 획득할 때 불멸의 예술품으로서 가치를 인정받는다는 점이다. 한국인 특유의 감각과 미의식이라는 것은 보편성에 도달할 때 세계성을 갖는다는 것은 다시 말할 필요가 없다. 내가 〈반가사유상〉에 특별한 매혹을 느꼈던 것도 이와 같은 이유에서일 것이다. 반가사유상에 대한 좀 더 구체적인 묘사를 살펴보기로 하자.

> 머리에는 세 개의 넓은 연꽃잎이 연결된 단순한 보관을 쓰고 있다. 얼굴은 풍만하고 양 눈썹에서 콧마루로 내린 선의 흐름이 시원스럽고 날카롭다 사유하는 눈은 가늘게 떴다. 코는 길고 인중은 짧아 앞에서 보면 머리를 깊이 숙인 것처럼

구분하기 위해 그 보관 형식에 따라 국보 78호는 일월보관반가사유상으로 국보 83호는 삼산관반가사유상이라고 명명한 바 있다(강우방, 《반가사유상》, 민음사, 2005 참조.). 이 글에서 필사가 깊이 관심을 가지고 논한 대상은 국보 83호인데 그 이유는 장식성을 배제한 단순성 때문이다.

3) 진홍섭, 《한국의 불상》(일지사, 1976), 172쪽.

보이는 효과를 나타내고 있다. 힘 있게 다룬 전형적인 고졸(古拙)의 미소를 표현했다. 고졸의 미소란 옛 표현 방법으로 입 양 쪽을 눌러 미소를 표현 한 것을 말한다. 얼굴 전체는 팽만감으로 차 있는데, 어린 소년의 모습을 나타내려 했다.

신체는 가냘프지도 풍만하지도 않다. 손은 비교적 적으며 통통한데 손가락의 표현이 섬세하다. 역시 검지와 중지 두 손가락만을 펴서 오른 뺨에 살며시 대었다. 이 사유상에서는 특히 손가락과 발가락의 움직임이 미묘하다. 생명의 맥박이 관절마다 뛰고 있는 손가락과 발가락의 표정은 어느 나라의 불상도 비할 수 없는 생동감으로 되어 있다.[4]

국보 83호 반가사유상에 대한 강우방의 해설을 참고할 때 반가사유상에 대한 나의 공감은 단순성의 극치를 표현한 이 불상이 어린 소년의 모습을 지니고 있다는 점에서 촉발된 것인지도 모른다.

특히 이 반가사유상은 일본 광륭사에 있는 목조 반가사유상과 유사한 형상을 지니고 있으면서 그 부드러운 질감으로 인해 복잡하게 뒤엉킨 생각의 실타래를 쉽게 풀지 못하는 내성적인 사춘기 시절의 내 마음을 부드러움으로 감싸주었을 것이다.

제2차 세계대전 후 일본을 방문한 독일 철학자 야스퍼스는 광륭사의 반가사유상을 보고 그 평화로움에 감탄해 마지않았다고 한다. 시인 구상(具常, 1919-2004)은 야스퍼스의 소견을 다음과 같이 표현했다.

로댕의 〈생각하는 사람〉은
고뇌와 수렁 속에 있다.
다빈치의 〈모나리자〉도
그 미소가 돋보일 뿐이다.

고대 그리스의 신상(神像)들은
그 아름다움이 관능적이요,

4) 강우방, 〈인간의 영원한 자화상〉, 앞의 책, 해설 부분.

로마의 기독교 옛 조상(彫像)들도
마음의 허울을 벗지 못했다.

이제 비로소 나는 본다.

이 세상 모든 시간적인 것의
그 속박에서 벗어나 도달한,
인간 실존의 최고의 이념과
그 경지를 오롯이 표현한,

드맑고 원만하고
평화롭고 영원하고
그윽한 모습을
미륵보살상(像)에서 본다.

—〈미륵보살반가사유상〉 전문[5]

인간이란 무엇인가. 그는 삶과 죽음의 수레바퀴를 벗어날 수 없는 유한한 생명을 지닌 자로서의 고뇌하는 존재이다. 고뇌의 수렁에서 벗어난 인간으로서 인간 실존의 최고의 이념과 경지를 표현한 것이 반가사유상의 미소라고 야스퍼스는 보았던 것이다. 어쩌면 그 미소는 고뇌의 정점에서 피어난 한 송이 꽃과 같은 것인지도 모른다. 십자가에서 피 흘리는 예수의 상과는 다른 것이 반가사유상이다. 여기서 서양과 동양의 좁힐 수 없는 문화적 감각의 차이가 있을 것이다. 서구 문화의 원천이라고 하는 그리스나 로마 또는 현대의 어떤 조각품에 비견할 수 없는 비다와 같이 아름다운 미소를 반가사유상이 지니고 있다는 것은 굳이 야스퍼스의 말을 빌려오지 않더라도 누구나 공감할 수 있을 것이다.

5) 구상,《구상 한국대표시인101인 선집》(문학사상사, 2002), 137쪽.

2. 우연한 계기와의 만남

현실의 어려움으로 인해 생각의 갈래가 얼크러질 때마다 나에게 떠오르는 이미지는 〈반가사유상〉의 미소였다. 누구도 결코 쉽게 풀 수 없는 의문의 실마리를 그는 과연 어떻게 풀었을까. 반복되는 질문의 한가운데 그가 있었다. 반가사유상에 대한 깊은 관심으로 인해 지금까지 나는 이에 대한 두 편의 시를 썼다. 아주 나에게서 멀리 있다고 여기고 있던 반가사유상을 소재로 처음 시를 쓰게 된 것은 어느 날 밤 늦게 인사동 골목길에서 술집을 찾다가 우연히 청동반가사유상을 구입하게 된 것이 계기가 되었다.

아침이나 저녁 늦게라도 매일 반가사유상을 가까이서 볼 수 있다는 것이 좋아 무심하게 평상심을 가지고 불상을 바라보았다. 시로 써볼 엄두를 내지 못하고 있었는데 어느 날 중동에서 일어난 이라크전(2003년 부시 대통령의 이라크 공습으로부터 시작된 전쟁) 보도를 텔레비전에서 보았다. 이 처절한 살육전을 보면서 과연 지금 반가사유상은 무엇을 생각하고 있을까 하는 의문이 스쳐갔다. 그리고 갑자기 시를 쓰고 싶다는 충동이 일었다. 평화를 갈망하는 인간들의 갈망이 내 마음을 촉발시켰던 것이다. 그 서두는 다음과 같다.

> 취기 오른 밤
> 인사동 지렁이 골목길을 돌고 돌아
> 낡은 술집 문을 열다가
> 문득 마난 청동반가사유상
> 들킬까 숨죽이고 바라보던
> 첫 사랑 여인처럼 품에 안고 돌아왔다

—〈반가사유상〉 첫 부분[6]

이 첫 부분에는 사춘기 시절 첫사랑에 대한 두근거리는 심정이 담겨 있다. 인간이란 무엇인가, 죽음이란 무엇인가, 사랑이란 무엇인가 하는 등등의 풀리지 않는

6) 최동호, 《불꽃 비단벌레》(서정시학, 2009), 82쪽.

의문에 휩싸여 나의 존재 자체를 부정하고 싶었던 시절의 어두운 그림자가 그물망처럼 어른거렸다.

전쟁이란 얼마나 참혹한 것인가를 목격하면서 다시 나 자신에게로 돌아와 스스로를 돌아보게 된 지점에서 다음과 같이 시를 마무리하게 되었다.

> 조용한 미소 말이 없어도
> 연꽃물살 이랑 넓혀가지만
> 아직도 나는
> 술 냄새 풍기는 입으로
> 누항의 거리에서
> 사유하는 무명의 인간을 찾고 있다.
>
> —〈반가사유상〉 끝 부분[7]

이렇게 한 편의 시를 마무리했다고 하더라도 나의 의문이 다 풀린 것은 아니다. 오히려 새로운 의문이 시작되었다. 내가 오래전부터 가지고 있던 의문이 아직도 중심에 이르지 못했구나 하는 느낌만 강하게 들었다. 아마 술집을 찾아 저잣거리를 배회하는 나 자신에 대한 반성이 앞서 있었기 때문일 것이다. 작품으로서도 그렇게 좋다고 평가할 수 없다는 것이 후일 내가 내린 판단이었다.

3. 흑단 반가사유상과 인간의 염원

다섯 번째 시집《불꽃 비단벌레》(서정시학, 2009)를 집필하는 과정에서 몇 차례 경주 국립박물관을 방문했다. 지난 40여 년 동안 내가 지닌 문제의식을 더 구체적으로 객관화시켜 보기 위해 천 년 전 비단벌레 실물을 찾아가 보고 싶었던 것이다. 그런데 어느 날 한 경주에 거주하는 한 시인이 나에게 그곳에서 흑단으로 반가사유상만을 조각하는 송범 박봉고이라는 조각가가 있다고 말해주었다. 순간 그분도

7) 위의 책, 83쪽.

나와 같은 마음을 가지고 있는 것이 아닐까 하는 묘한 호기심이 발동하였다. 그리고 직접 가서 본 그분의 흑단 반가사유상은 나에게 또 다른 매혹을 주었다. 옛 〈반가사유상〉을 거의 그대로 재현한 조각품이었지만 일본에 있는 목조 〈반가사유상〉을 직접 보지 못한 나로서는 그것만으로도 매우 큰 감흥을 불러일으키기에 충분했다. 이때 느꼈던 감흥을 바탕으로 첫 작품에 이어 다시 쓰게 된 〈반가사유상을 기리는 노래〉는 이러한 과정을 거쳐 탄생했다.

살아간다는 것은 무량한
고뇌로 인해 침묵이 힘을 얻는 일
천 년 전 불던 바람에
사람 사람의 일과 일들이 낡고 병들어

칠흑의 어둠으로 벌레처럼 기어들어가는 일
흑단 나무의 형상을 빌어
지금 경주 하늘 아래에서 눈 감고
새 생명의 탄생을 지켜보는 일

몸 부딪치며
숨 가쁘게 살아온 나날들
힘에 겨워
제 자리를 지키지 못할 때

잠간 고개를 돌려
흑단 나뭇결에 숨겨진
침묵의 미소가
향기롭게 퍼져나가는 소리 들어 보게나

—〈반가사유상을 기리는 노래〉 전문[8]

8) 최동호, 〈반가사유상을 기리는 노래〉, 《서정시학》(2009 여름호), 1쪽.

위의 시에서 내가 말하고자 한 것은 세상살이의 어려움 속에 피어나는 반가사유상의 미소이다. 모나리자의 미소가 서양 미술을 대표하는 영원한 미소로 알려져 있고는 하지만 그 미소에는 어딘지 세속 인간의 색정을 떨치지 못한 야릇한 기운이 감돌고 있다. 아마도 그것이 모나리자의 매력인지도 모른다.[9] 그러나 이러한 인간적 색정의 기미를 넘어선 자리에 반가사유상의 영원한 미소가 있다. 그 미소는 어떤 점에서 인간이 지닌 숭고한 정신성을 예술적으로 표현한 독보적인 예일 것이다. 그것은 서양인들의 사유나 세계관과는 다른 자리에 그리고 동양에서 유사한 예를 찾는다고 하더라도 중국이나 일본과는 다른 예술적 형상미를 나타내는 것이라고 할 것이다. 한국인의 심성 깊은 곳에서 우러나와 예술적 표현에 있어서 지고의 수준에 도달한 형상을 보여주는 것이 반가사유상이라고 해도 과언이 아니다.

위의 〈반가사유상을 기리는 노래〉에서 내가 표현한 미소는 사유상의 미소로부터 촉발된 것이기는 하지만 특히 내가 주목했던 것은 그 미소에 담긴 사유의 깊이이다. 반가사유의 불상 형태는 인간의 생로병사의 고통을 생각하는 태자 시절의 부처가 모태가 되었다고도 하고 미륵신앙이 널리 퍼진 7–8세기 한국인들의 염원이 여기에 담겨 있다고도 한다.[10] 그 생성 배경은 어떤 것이라고 하더라도 한국인들에 의해 독창적으로 표현된 반가사유상은 그것대로 인간 존재의 가장 본질적인 것에 대한 의문이자 성찰을 미학적으로 표현한 것임에 틀림없다.

태어나고 죽는 것 모두가 고통이라고 설파한 신라 시절 사복(蛇福)의 이야기를 돌이켜 생각해 볼 때 반가사유상을 만들고 그것을 기리는 신라인 모두 이 생사의 고통을 이겨내고자 하는 염원을 가진 연약한 존재들이었음을 깨닫고 있었을 것이다. 사복은 그 어미가 죽었을 때 원효에게 게를 부탁했다. 원효는 '태어나지 말지니, 죽는 것이 괴롭구나 죽지 말지니, 태어나는 것이 괴롭구나.'라고 게송을 처음 지었다고 한다 이 게송을 들은 사복이 '말이 번거롭구나.'라고 응답했고 원효는 다시 게송을 '죽고 사는 것이 다 괴롭구나.'라고 바꾸었다고 한다.[11]

9) 한영대, 《조선미의 탐구자들》, 박경희 옮김(학고재, 1997), 19-20쪽에서 모나리자의 미소와 반가사유상의 미소를 비교한 최순우의 글이 소개되어 있다.

10) 정예경, 《반가사유상연구》(혜안, 1998), 254-255쪽 참조.

11) 일연, 《규장각본 완역 삼국유사》, 박성규 역(서정시학, 2009), 375-376쪽.

원효와 달리 생사의 어려움을 간단명료하게 갈파한 사복의 언행을 통해 볼 때 이 생사의 문제는 천 년 전이나 지금이나 동일한 문제일 것이다. 인간이 자기 존재를 스스로 규정하고 그 범주 속에서 자신의 삶을 영위해 나간다 하더라도 이 생사의 문제는 누구도 쉽게 넘어서기 힘든 최후의 난관일 것이다. 최초이자 최후의 난관 앞에 선 인간을 떠올릴 때 우리는 당연히 로댕의 〈생각하는 사람〉을 연상하게 된다. 그러나 이 생각을 좀 더 깊게 해보면 인간이 늘 경험하는 생각에도 몇 가지 단계가 있을 것이다.

인간이 자각적으로 자기 존재를 인식하는 것은 적어도 세 가지 단계를 거치게 될 것이다. 첫 단계는 느낌으로 파악되는 단계이며 다음 단계는 생각으로 파악되는 단계이며 마지막 세 번째는 생각을 걸러 사유를 통해 파악되는 단계일 것이다. 느낌과 생각은 많지만 이를 사유로 끌어올리는 것은 쉬운 일이 아니다. 로댕의 〈생각하는 사람〉은 어쩌면 사유의 단계가 아니라 생각의 단계의 인간을 나타내는 것이 아닌가 하는 것이 나의 판단이다. 생각의 단계에서 사유의 단계로 올라서기 위해서는 인간 존재를 어떻게 규정하느냐 하는 종교적 명상을 통해 체득되어야 할 것이다. 여기에는 신의 피조물로서의 인간과 천상천하 유아독존으로서의 인간이 근원적인 명제로 자리 잡고 있을 것이다.

〈생각하는 사람〉에는 지옥문에서 심판을 기다리는 자의 공포와 전율이 감돌고 있다. 과장되게 표현된 근육질의 인간은 고뇌의 강도를 인간의 강한 힘을 통해 표현하려고 하였지만 이것은 오히려 고뇌를 견디는 인간의 강한 힘보다는 고통받는 인간의 연약함을 강하게 드러내고 있다는 느낌마저 든다.

> '생각하는 사람'은 말하자면, 쉬고 있는 헤라클래스이다. 그는 굵은 눈썹, 황소 같은 목, 야성적인 용모를 가지고 있다. 가공할 만한 근육에서는 힘이 느껴지지만 고도의 집중력은 고개를 숙이고 숙고하는 듯한 형상성에서 발산된다. 문에 부조로 장식된 망자들의 몸부림 위에 자리한 이 환조상은 이들의 운명에 대해 숙고하는 듯하다.[12]

12) 베르나르 샹피뇔르, 《로댕》, 김숙 옮김(시공사, 2003), 118쪽.

로댕의 〈생각하는 사람〉은 원래 단테의 〈신곡〉에 감명을 받은 그가 지옥문 위에 설치하기 위해 만든 것이라고 한다. 로댕의 조각상은 망자들의 몸부림을 숙고하는 자이기도 하고 그들의 죄를 심판하는 자이기도 하다. 그러나 조각상을 자세하게 살피면 알 수 있는 것처럼 그것은 숙고의 깊이보다는 헤라클레스와 같은 강한 힘을 암시하고 있는 것같이 느껴진다. 그는 고통받는 연약한 인간을 위한 존재가 아니라 상한 힘으로 심판하는 자의 입장을 대변하는 것 같다.

〈생각하는 사람〉과 달리 팔다리는 물론 몸통조차 가늘게 표현된 〈반가사유상〉의 얼굴에 가볍게 떠도는 미묘한 미소는 육체를 넘어서서 정신성에 비중을 둔 것으로서 세속의 고통을 정신적으로 초탈한 자의 이미지를 떠올리게 만든다. 그 미소를 보며 속세의 인간들은 말로 표현하기 힘든 편안함을 느낀다. 그것은 생명을 가진 실존적 존재로서 인간이 부딪히게 되는 느낌과 온갖 생각들의 얼크러짐을 거르고 걸러서 평화와 조화에 이른 인간 존재가 어떤 상태에 도달하는가를 말해준다. 1,300년의 시공을 뛰어넘어 감각으로 살아가는 존재와 생각하는 존재 그리고 사유하는 존재가 구별된다고 하는 것은 우연이 아닐 것이다.

특히 내가 공감하게 된 것은 후일 읽게 되었지만 〈반가사유상〉에 대해 1920년대 후반 최초로 조선 미술사를 체계화한 에카르트의 다음과 같은 언급이다.

> 이것은 완벽한 의미에서의 고전적인 작품이며, 바로 조선의 것이다 (…) 중국의 불교미술에 의해 자극을 받고 영향을 받았으나 그 표정이나 주름이 있는 의습 그리고 그 전체적인 개념은 중국에서는 전혀 유사한 작품을 찾아 볼 수 없을 만큼 매우 신선하고 독특한 것이다.[13]

국보 79호 〈반가사유상〉에 대한 그의 언급에서 아마도 내가 확신을 가지고 말할 수 없었던 한국적 미의식과 사유의 독자성을 그가 표현해 주었기 때문인지도 모른다. 결국 외형적 형태는 외부로부터 자극받고 영향을 받았다고 하더라도 그 내면성을 표현하는 정신성의 깊이에서 한국미의 독자성이 발휘된다는 것은 아주 초보적인 사실이기도 하면서 그것을 실현한다는 것은 극히 어려운 예술적 명제일

13) 안드레 에카르트, 《에카르트의 조선미술사》, 권영필 역(열화당, 2003), 195쪽.

것이다. 한국미의 독자적 표현을 통해 한국인들도 독자적 문화와 예술을 가지게 된다는 것 또한 자명한 일일 것이다. 다시 말하면 반가사유상이 지닌 미적 독자성으로 인해 한국적 사유 또한 독자적이며 보편적 개성을 획득하게 된다는 것이다.

앞에서 말한 구상 이외에 이수화, 김종길, 황지우, 김지하 등도 반가사유상에 대한 시를 썼다. 우선 이수화는 직관적이고 단도직입적으로 반가사유상의 생명적 영원성을 묘파하고자 했다.

> 내가,
> 어머니 태반(胎盤) 위에 앉아
> 그윽히 들여다보았던가
> 아, 그때 그 얼굴이었으리.
>
> 세상이 끝나려느냐.
> 말세(末世)이려느냐.
>
> 아니, 우주(宇宙)의 중심축(中心軸)에
> 영구(永久)히 눌러 앉은.
>
> 저, 아리따운
> 혹세무민(惑世誣民)
>
> —〈반가사유상〉 전문[14]

이 시의 서두는 출생 이전으로부터 시작하여 기발한 착상을 보여주고 있다. 이 생에 태어나기 전에 들여다보았던 얼굴을 화자는 반가사유상에서 발견했다는 것이다. 불교의 전생 설화를 과감하게 차용하여 발상을 전환시킨 것이 첫 연의 묘미이다. 제2연에서는 현세의 혼돈과 타락을 말하고 여기서 나아가 우주의 중심에 영구히 자리 잡은 불상의 뛰어난 형상미를 마지막 연에서 말하고 있다. 마무리 시

14) 이수화, 《반가사유상》(문학과현실사, 2008), 21쪽.

어를 '혹세무민(惑世誣民)'이라 한 것도 의도적인 선택이다. 이러한 시어의 반어적 사용은 첫 행부터 예견된 것이라 할 수 있는데 대상을 정면에서 바라보지 않고 측면에서 접근하여 혼돈의 중심축에 반가사유상을 놓아 이를 부각시키기 위한 방법이라고 할 수 있다. 이 생이 말세의 혼돈에 사로잡혀 있을 때 그 중심에 태어나기 이전의 얼굴을 사유상에서 발견하였다는 것은 아름다운 혹세무민을 전면에 제시하기 위해 설정한 독특한 어법이라고 하겠다.

이수화의 시와 달리 김종길은 정공법을 택하고 있다. 그는 독특한 자세를 취하고 있는 불상을 정면에서 바라보고 외부에 대한 전체적 묘사로부터 시행을 전개하여 마지막에 사유의 내부를 조명하는 불상의 미소를 다음과 같이 표현하고 있다.

> 왼쪽 무릎 위에 발목을 얹은
> 수평으로 접은 오른쪽 다리,
> 왼손은 그 발목을 감싸고 있다.
>
> 허벅지에 고인 팔꿈치 위에 피어난
> 연꽃인가.
> 볼에 닿을 듯 말 듯 살짝 꼬부린
> 오른손 세 손가락.
>
> 천 몇 백 년 동안,
> 그 자태 그대로 흐트림 없이
> 무엇을 그리도 골똘히 생각하는가.
>
> 인간의 입고비, 생로병사여,
> 그러나 그것들로부터는 아득히 벗어난
> 오히려 앳되고 예쁜 젊은 그 얼굴!
>
> —〈금동반가사유상〉 전문[15]

이 시의 핵심은 서두의 형태에 대한 묘사에 있는 것이 아니라 마지막 한 행 '오히려 앳되고 예쁜 젊은 그 얼굴'에 있다. 그 얼굴에서 피어오르는 앳된 미소에 시의 초점이 있다는 것이다. 첫 부분에서 볼 수 있는 외형적 묘사는 바로 이 앳된 얼굴에 내면성을 부각시키기 위한 서술들이다. 인간적 모습을 빌려 인간적인 것을 벗어나려는 것이 인간의 업고인데 그 업고를 초탈한 원초적 얼굴을 '흐트림 없는 골똘한 생각'에서 발견한 것이다. 동시에 이 '흐트림 없는 생각'이 정통의 어법을 존중하는 김종길 시법의 핵심이기도 하다.

생명을 부여받은 존재는 언제나 그 생명의 박탈에 대한 공포와 불안을 지닐 수밖에 없다. 생로병사의 업고를 아득히 벗어난 앳된 얼굴에서 피어나는 미소는 찰나의 존재인 인간이 찰나를 넘어서는 영원을 지향하고 순간의 존재로서 자기를 초월하고자 하는 근원적인 염원을 표현한 것이라고 하겠다. 생명을 넘어서 생명을 갖는 존재로서 예술품의 미학적 존재 가치가 여기에 있을 것이다.

황지우 또한 〈반가사유상〉에 대해 다음과 같이 존재의 안과 밖을 대비시켜 눈먼 존재로서의 인간의 내면을 드러내는 시를 썼다.

해 속의 검은 장수하늘소여
눈먼 것은 성스러운 병이다

활어관 밑바닥에 엎드려 있는 넙치,
짐자전거 지나가는 바깥을 본다, 보일까

어찌하겠는가, 깨달았을 때는
모든 것이 이미 늦었을 때
알지만 나갈 수 없는, 무궁의 바깥,
저무는 하루, 문 안에서 검은 소가 운다

—〈바깥에 대한 반가사유〉 전문[16]

15) 김종길·오탁번 외, 《국보사랑시집》(홍영사, 2009), 185쪽.
16) 황지우, 《바깥에 대한 반가사유》(휴먼앤북스, 2010), 148쪽.

물론 이 시는 〈반가사유상〉 자체에 대한 미학적 탐색을 보여주는 작품은 아니다. 그럼에도 〈반가사유상〉이 시적 상상의 밑바닥에 깔려 있다. 활어판의 넙치가 바라보는 바깥을 화두로 삼고 있다. 안과 밖의 대비를 통해 화자는 깨달음의 의미를 사유한다.

그러나 시의 문면에 나타나는 대로 "깨달았을 때는/모든 것이 이미 늦었을 때"라는 화자의 인식은 눈번 자의 고뇌를 보여준다. 그것은 근원적인 깨달음은 아니다. 그러므로 이 고뇌는 화자가 문 안에서 우는 '검은 소'를 빌려 선취의 분위기를 형성하고 있다고는 말할 수 있지만 결코 깊은 사유를 걸러내 표현된 것은 아닌 듯하다. 아직 그가 '눈먼 성스러운 병'을 앓고 있기 때문인지도 모른다. 안에 있는 넙치가 바깥에 대해 사유하는 존재전환이 바로 화자가 말하고자 하는 것이다. 밖으로 나갈 수 없는 존재로서 넙치가 바로 자기 자신이자 인간의 존재라는 것을 표현했을 것이다.

어쩌면 그것은 기발한 착상일 수는 있다. 그는 빠르게 지나가는 시간의 흐름을 저무는 저녁을 통해 말하면서 깨닫지 못하고 시간을 지나쳐 버린 자신에 대한 질책을 검은 소를 빌려 말하고 있는 것이라 해석된다.

김지하도 최근 〈백제관음〉, 〈미륵반가사유상〉 등의 시편을 발표하였으나 이 작품들은 모두 일본에 대한 부정과 비판을 강하게 노출하고 있어 심화된 시적 통찰을 보여주지는 않는다.[17]

4. 자기를 돌아보게 하는 빗방울

사유의 첫 출발에서 언제나 마지막으로 되돌아오는 것은 자기 자신이다. 바깥에서 구하는 것은 언제나 존재의 내부가 아니라 존재의 바깥에서 맴도는 사유일 뿐이다. 존재의 내면으로 들어가야 존재가 그 자체로서 사유된다. 그리고 인간 존재는 사유를 통해 자기 자신을 발견한다. 오늘 새벽 양재천에서 내가 보았던 그 많은 빗방울들도 그들 자신의 존재가 있을 것이며 빗방울이 다시 내를 이루고 강을

17) 김지하, 《흰 그늘의 산알 소식과 산알의 흰 그늘 노래》(천년의 시작, 2010), 338-340쪽.

이루고 바다에 도달하는 것 또한 원대하고 그윽한 것에 도달하려는 존재의 순환 운동일 것이다. 빗방울 하나하나가 나에게 각기 다른 존재의 느낌을 불러일으켰다. 빗방울은 하나가 아니라 셀 수 없는 여럿이었다. 나는 여럿의 빗방울을 매개로 최초에 내가 가졌던 원초적 질문들로 다시 돌아온다. 한국 미술사에서 반가사유상에 대한 원초적 질문들도 이미 한국 미술사 연구가 태동하던 시절 고유섭에 의해 던져졌다.

> 금동반가상이 조선 삼국시대의 예술을 가장 웅변으로 중외에 선양하고 있다. 후일 조선의 Burckhardt가 나오고, Winckelmann이 나와 조선미술사를 쓴다면, 반드시 이 반가상에서 시대적 monument를 발견할 줄 믿는 바이다.[18]

1931년에 던져진 고유섭의 반가사유상에 대한 직관적 통찰은 아직도 유효성을 갖는 한국 미술사의 첫장을 여는 중요한 화두이다. 그것은 단지 조각품 그 자체만의 문제가 아닐 뿐만 아니라 시대를 뛰어넘는 인간 존재 그 자체의 문제이기도 하다. 고유섭보다 조금 앞서 한용운도 인생에 대한 근원적인 의문을 해결하고자 출가하여 입산한 바 있다.

오랜 참선 생활을 통해 깨달음을 증득한 그가 시 〈알 수 없어요〉에서 '근원은 알지도 못하는 곳에서 나서, 돌부리를 울리고 가는 가늘게 흐르는 적은 시내는 굽이굽이 누구의 노래입니까.'라는 의문을 던진 것이 바로 그러한 이유 때문일 것이다. 타고 남은 재가 다시 기름이 되듯이 대지를 두드리고 적은 시내를 흘러간 빗방울은 다시 빗방울이 된다.

도도히 흐르는 냇물이 나에게 사유의 근원을 불러일으켰으며 바다에 대한 명상이 나에게 반가사유상의 신비한 미소를 떠올리게 만들었다. 단번에 풀린 해답은 없지만 인간의 생명이란 순환의 연쇄 속에서 날마다 새로워지는 것이 아닐까. 한 줌의 재는 다시 기름이 되었다가 빗방울이 되고 거대한 생의 바다를 거쳐 빗방울이 되었을 것이다.

18) 고유섭, 〈금동미륵 반가상 고찰〉, 《조선미술문화사논총》. 황수영, 《한국의 불상》, 문예출판사, 1989, 139쪽 재인용.

여기서 존재의 근원에 대한 알 수 없는 질문은 다시 시작된다. 근원을 향한 화두가 빗방울을 통해 참구되어야 하는 이유가 여기에 있다.(*발표 당시 제목은 〈한국 현대시에 나타난 불교문화재 고찰〉이었음. 2010. 8.)

3부

기초 자료

1. 조지훈 가계도

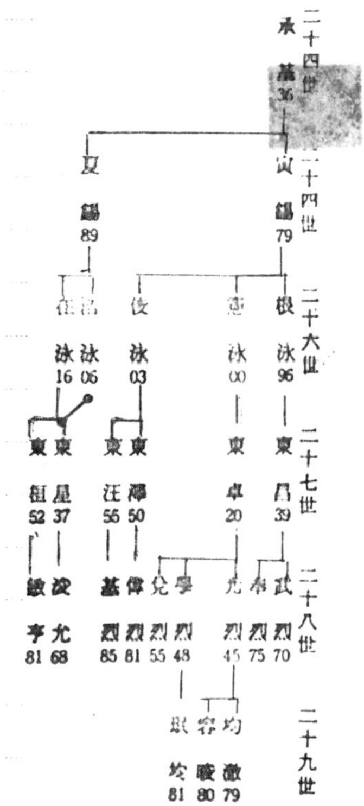

漢陽趙氏南洲公家牒

西記 一九八八年 早春

曾孫 東星編

2. 혜화전문 학적부와 성적표

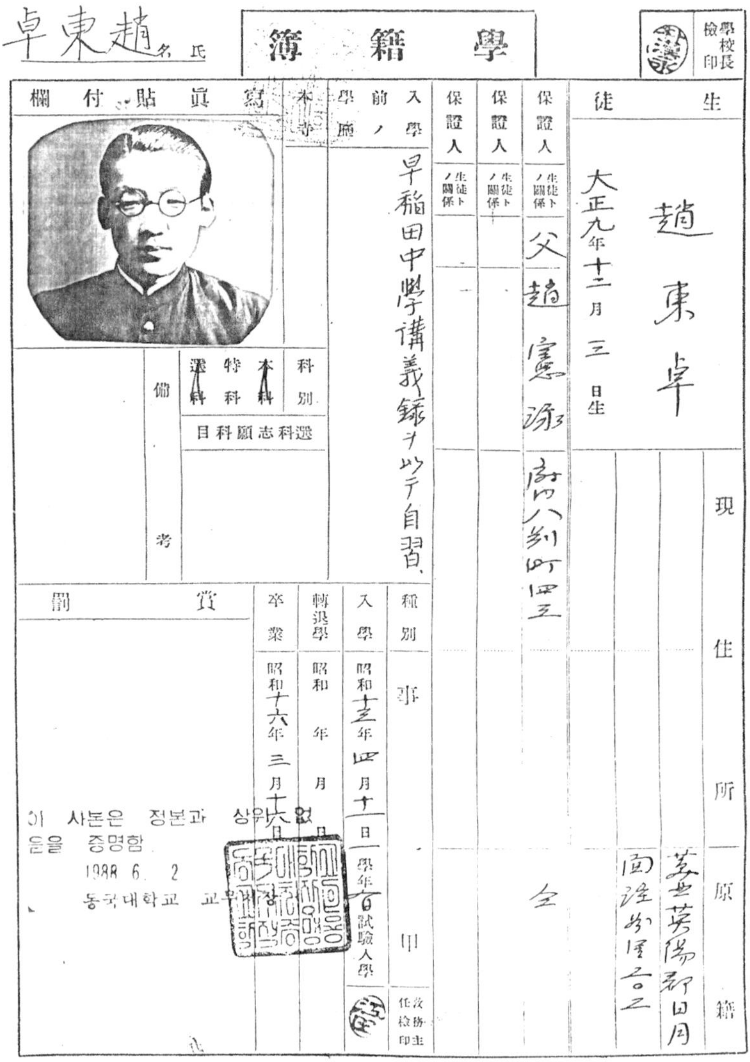

學籍簿

氏名 趙東卓

學校長検印

生徒: 趙東卓 大正九年十二月三日生

保證人 生徒トノ關係: 父 趙憲泳

府內八判町四三

原籍: 慶北英陽郡日月面注谷洞二二

寫眞貼付欄

入學前ノ學歷: 早稲田中學講義録ニヨリテ自習、

科別: 本科 特科 選科

選科志願科目

備考

賞罰

種別: 甲

入學: 昭和十三年四月十一日 一學年 百 試驗入學

轉退學: 昭和 年 月 日

卒業: 昭和十六年三月十六日

任教務主任検印

이 사본은 정본과 상위없음을 증명함

1988. 6. 2

동국대학교 교무처장

氏名 趙東卓

學業 \ 學年・試期	第一學年 (昭和十三年度) 前期	後期	學年	第二學年 (昭和十四年度) 前期	後期	學年
宗乘 餘乘 (佛教學)	83	85	84	74	64	69
佛教史	90	80	85	79	95	87
宗教學及				93	70	82
宗教史	80	80	80			
倫理學及	88	75	82	70	70	70
倫理史						
哲學及	85	95	90	73	80	81
哲學史						
教育學及				90	40	65
教育史						
法制及	70	80	75			
經濟				82	62	72
社會學				90	90	90
漢文及						
朝鮮文學	83	90	86	100	88	94
國語及	88	86	87	90	80	85
國文學						
英語	92	87	90	80	88	85
音樂	85	89	87			
體操	60	63	62	70	82	76
[illegible]	94	95	95			
[illegible]		3	2	26	10	18
總點	998	1002	1001	963	877	935
平均	83	84	83	80	75	78
操行						
判定	良	良	良	良	良	良
席次 (人中)	/46	/40	7/40	2/39	7/38	4/38

學業	第 學年 (年度) 前期	後期	學年	第三學年 (昭和十五年度) 前期	後期	學年
修身				75	85	80
日本學				57	78	68
國語				80	80	78
漢文				80	85	83
國史						
東洋史						
佛教大意						
佛教基礎學						
佛典概說						
佛典講讀				90	90	90
禪學						
淨土學						
天台學				85	80	83
密教學				70	80	75
華嚴學				88	82	85
朝鮮佛教概說						
印度佛教史						
支那佛教史						
日本佛教史				80	95	88
哲學概說				90	90	90
支那哲學						
印度哲學				97	90	94
宗教學				85	90	88
倫理學						
心理學						
論理學						
教育學				85	87	86
社會學						
應用社會學				90	90	90
法學通論						
經濟原論						
外國語 支那語						
外國語 英語				90	96	93
體操				70	78	74
武道				58	74	66
教練				70	70	75
缺席				9	2	8
總點				1431	1524	1478
平均				50	85	82
操行						
判定				良	優	良
席次				5/31	2/31	3/31

이 [illegible] 음을 증명함

1988. 6. 1

동국대학교 [illegible]

3. 친필 이력서

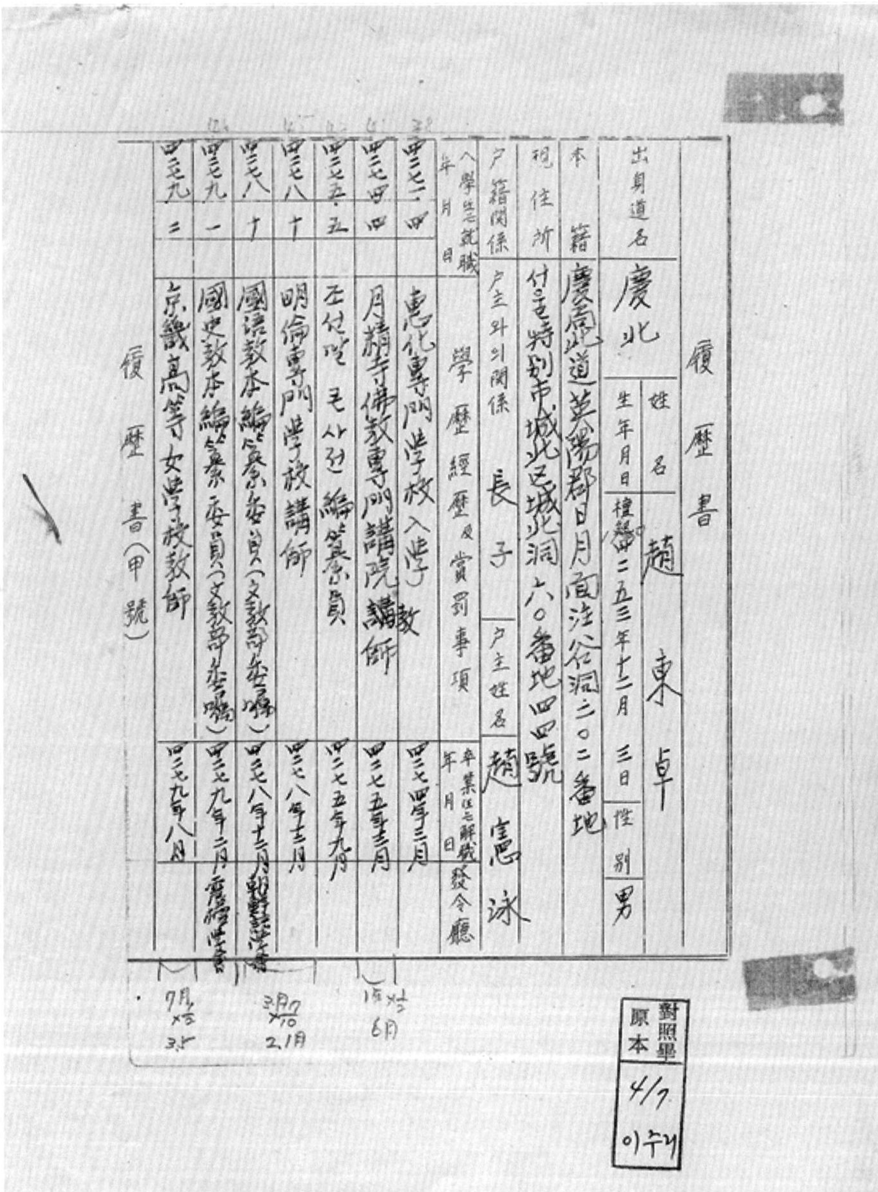

履歷書

出身道名	慶北
本籍	慶尙北道英陽郡日月面注谷洞二〇二番地
現住所	서울特別市城北区城北洞六〇番地四四號
戶籍關係	戶主와의關係 長子 / 戶主姓名 趙憲泳
姓名	趙東卓
生年月日	檀紀四二五三年十二月三日
性別	男

入學卒業就職年月日	學歷經歷及賞罰事項	卒業任免解職年月日	發令廳
四二七一 四	惠化專門學校入學	四二七四年三月	
四二七四 四	月精寺佛敎專門講院講師	四二七五年三月	
四二七五 五	조선말 큰사전 編纂員	四二七五年九月	
四二七八 十	明倫專門學校講師	四二七八年十二月	
四二七八 十	國語敎本編纂委員(文敎部委囑)	四二七八年十二月	[illegible]
四二七九 一	國史敎本編纂委員(文敎部委囑)	四二七九年二月	震檀學會
四二七九 二	京畿高等女學校敎師	四二七九年八月	

履歷書(甲號)

對照畢 原本 4/7 이수내

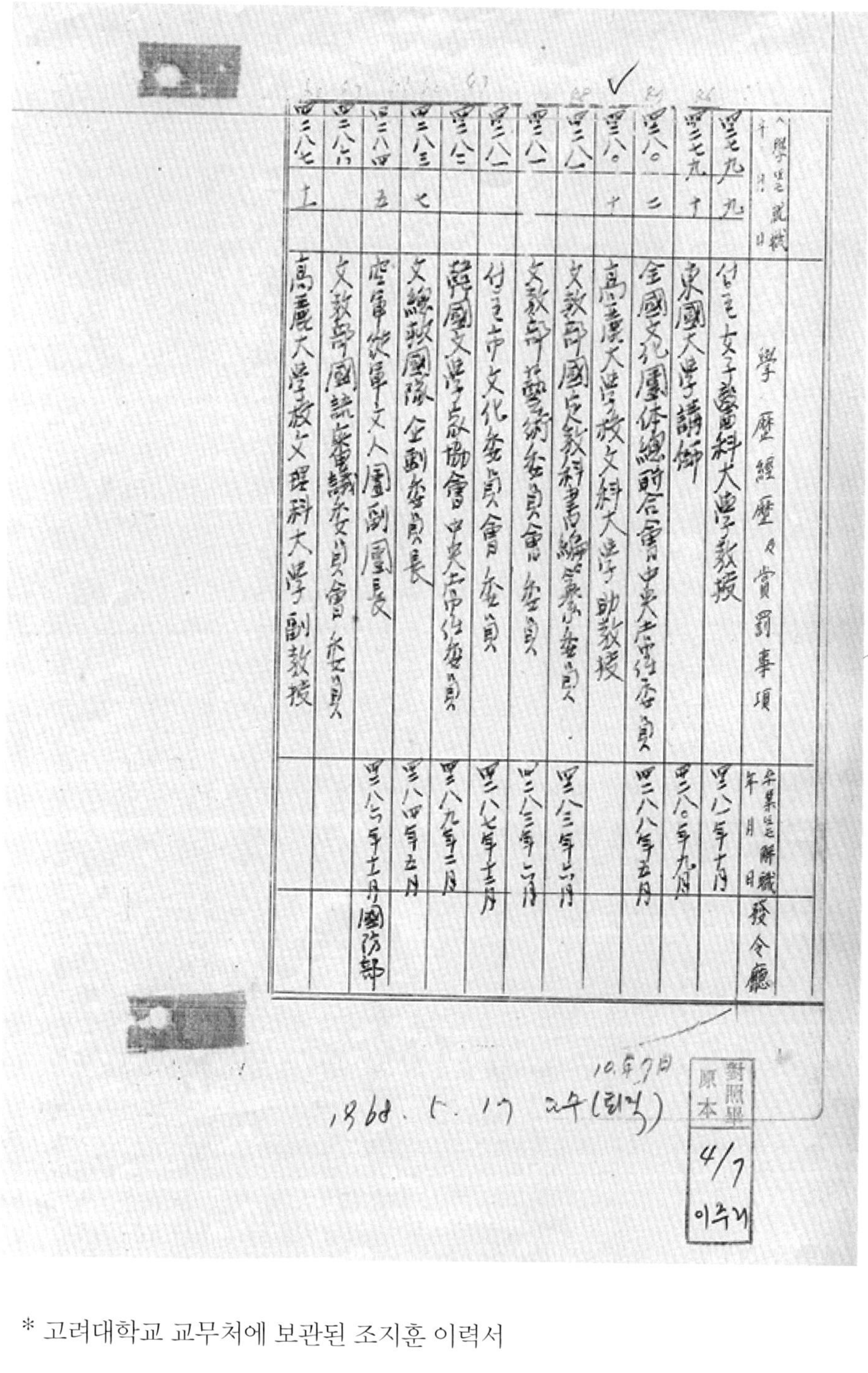

入學 또는 就職 年月日	學歷 經歷 及 賞罰事項	卒業 또는 解職 年月日	發令廳
四二七九 九	首都女子醫科大學敎授	四二八一年十月	
四二七九 十	東國大學講師	四二八〇年九月	
四二八〇 二	全國文化團体總聯合會中央常任委員	四二八八年五月	
四二八〇 十	高麗大學校文科大學助敎授		
四二八一	文敎部國定敎科書編纂委員	四二八三年六月	
四二八二	文敎部藝術委員會委員	四二八三年六月	
四二八二	서울市文化委員會委員	四二八七年十二月	
四二八二	韓國文學家協會中央常任委員	四二八九年二月	
四二八三 七	文總救國隊企劃委員長	四二八四年五月	
四二八四 五	空軍從軍文人團副團長	四二八六年十二月	國防部
四二八六	文敎部國語審議委員會委員		
四二八七 十	高麗大學校文理科大學副敎授		

1968. 1. 17 교수(퇴직)

對照畢 原本

4/7

* 고려대학교 교무처에 보관된 조지훈 이력서

鬼哭誌

께 없는 알을 보담도 아비의 자식됨이 더욱 서럽다 하래비의
눈 보담 遺産은 작아 슬픈 族譜를 뒤져보는 마음이며,
나간 時節이는 그래도 名家의 後裔 신수좋은 얼굴에
ㄱ뭄을 쓰다듬으면 大廳 사랑방 놋재떨이 소리가 요란했다
그슬대문 개와집이 오막살이로 찌그러지던 날 산밑 허무러진
祠堂에선 눈가이 진사말는 神主 우는 소리가 났단다 안들
이나면 하얀 백설기며 미역국 그리고 삼신할머니 앞에
福을 빌었다던만 볍소수염을 쓰다듬고 노루 기침으로
하면 兩班된 悲劇이 하얀 빨래당이 서러웠다.

華悲記

白孔雀이 파르르 날개를 떤다. 파란 電燈이 켜진다. 白
蠟같은 손꼬락을 빨면 빠알간 피가 솟는다. 白蠟같은
손꼬락을 빨면 솟는 피는 孔雀夫人 같음이 얼굴을 붉고
佛蘭西人形처럼 사철 외로워 눈물도 아픈 졸리웁게 끌려
울는 가슴을 찢다. 아 흰 꽃이 피는 뷔인 창밖으로
幌馬車 가득하니 은빛 버들을 헤치고 北으로 갔다. 나어린
少女에게 義務를 뒤로 잊고 이르나도 모르고 屈辱에
값싼 웃음을 팔 賣春夫, 나는 貴族令孃의 淫樂
의 奴隷란다 하이얀 電燈을 부시고 한울빛 구두를
빨자. 얼굴을 빨면 푸를 靜脈이 動脈이 된다. 바다가

된 陸地다 破船된 寢室이다. 情熱이 過剩되면
生活은 보잘다 슬픈 剩餘를 한번의 悲劇을 낳는다.
날 대체 죽었느냐.

5. 사퇴 이유서

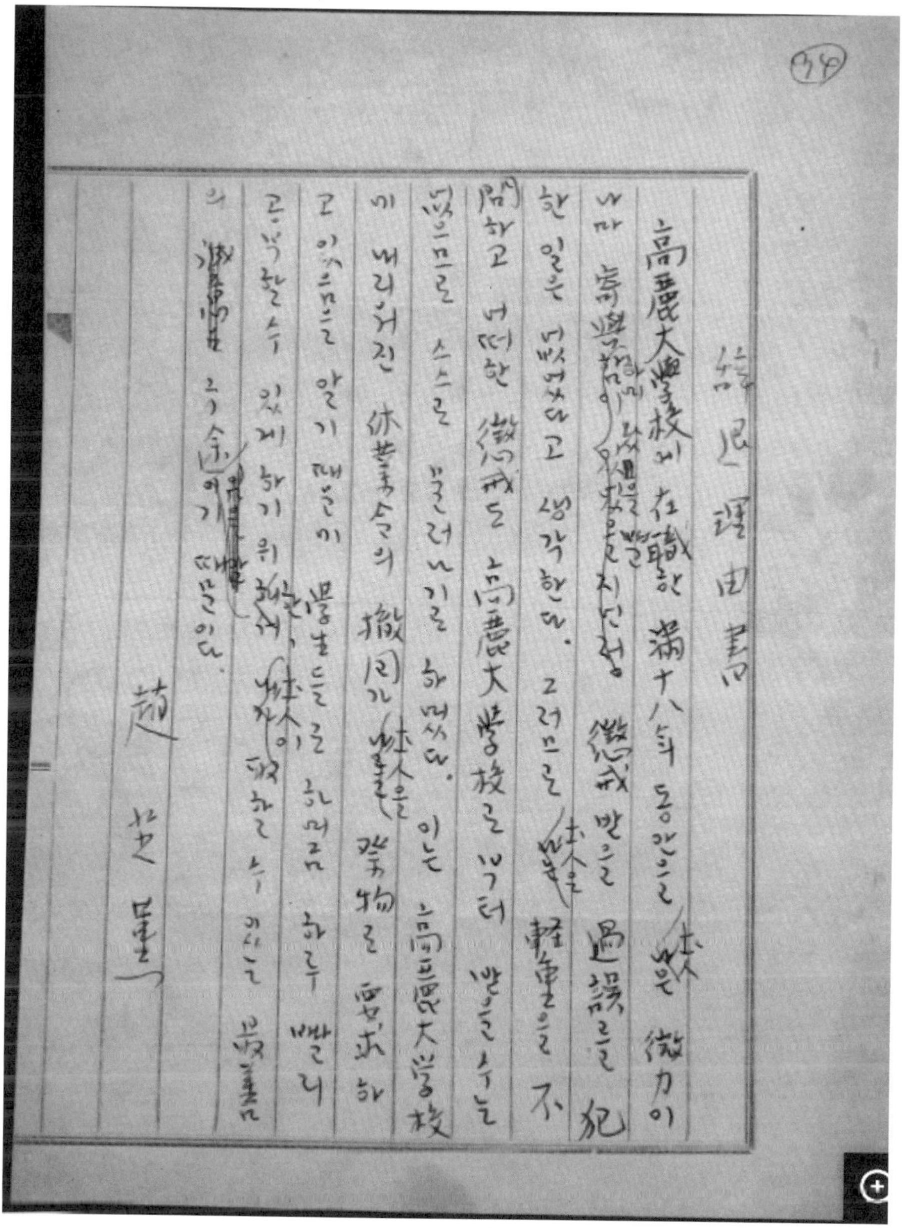

辭退理由書

高麗大學校에 在職한 滿十八年 동안을 微力이나마 高麗大學을 위해 [illegible] 懲戒받을 過誤를 犯한 일은 없었다고 생각한다. 그러므로 輕率을 不問하고 어떠한 懲戒도 高麗大學校로부터 받을 수는 없으므로 스스로 물러나기로 하였다. 이는 高麗大學校에 내려진 休業令의 撤回가 當面 案物로 要求하고 있음으로 알기 때문에 學生들로 하여금 하루 빨리 공부할 수 있게 하기 위해서, 休業令이 撤回할 수 있는 最善의 [illegible] 중 하나이기 때문이다.

趙芝薰

■ 조지훈의 〈사퇴 이유서〉에 대하여

'청록파' 조지훈(1920-1968) 시인이 고려대학교 재직 시절 쓴 자필 사직서가 55년만에 공개되었다. '사퇴이유서'라고 씌어진 이 문건에는 '고려대에 내려진 휴업령의 철회가 본인의 사퇴를 제물로 요구하고 있음을 아는 까닭에 학생들로 하여금 하루 빨리 다시 공부할 수 있게 하기 위해서는 본인이 스스로 물러나는 것이 최선의 방도'라 말하고 있다.

이 사직서는 날짜가 분명히 표기되어 있지는 않지만 날짜가 분명히 표기되어 있지는 않지만 군사정부 시절 1965년 9월쯤 작성된 것으로 추정된다. 당시는 한일협정 체결 반대 시위를 가장 앞장서서 벌이던 고려대에 '무기한 휴업령'이라는 정치적 명령이 내려져 있었다. 조지훈 시인은 당국에 의해 '정치 교수'라는 낙인이 찍혀 있었으며 학생들이 다시 공부할 수 있도록 하는 최선의 길이 자신의 사직이라고 판단해 이 사직서를 지니고 다녔다고 전한다.

> 사퇴이유서
>
> 고려대학교에 재직한 만 18년 동안 본인은 미력이나마 기여하여 왔을 뿐 징계받을 과오를 범한 일은 없었다고 생각한다.
>
> 그러므로 본인은 경중을 불문하고 어떠한 징계도 고려대학교로부터 받을 수는 없으므로 스스로 물러나기로 하였다.
>
> 이는 고려대학교에 내리워진 휴업령의 철회가 본인을 제물로 요구하고 있음을 알기 때문에 학생들로 하여금 하루 빨리 공부할 수 있게 하기 위한, 본인이 할 수 있는 최선의 방도이기 때문이다.

'경중을 불문하고 어떠한 징계도 받을 과오가 없으므로' 언제라도 스스로 물러나겠다고 하는 결연한 의지가 표명된 이 문건은 1968년 조지훈 시인의 별세 후 그의 연구실 책상서랍을 정리하던 중 당시 대학원 제자였던 홍일식 전 고려대 총장이 발견하여 반세기 넘게 보관해 오다 2020년 10월 11일 '탄생 100주년' 기념 행사로 열린 추모 좌담회에서 이를 학교 측에 전달하였다.

이 자료는 학생과 학교를 위해 자신을 희생하는 스승의 마음이 그대로 드러나 있어 한 시대를 증언하는 역사적 문건이라 여겨진다.

6. 고려대 조지훈 시비

* 2006년 9월 29일 고려대 교정에 세워진 조지훈 시비

고려대학교 문과대학과 국어국문학과 설립 60주년 기념

조지훈 시비 건립 제막식

KORE A UNIVERSITY 1905

주최 : 고려대학교 문과대학 • 고려대학교 국어국문학과 • 고려대학교 국어국문학과 교우회

주관 : 조지훈 시비 건립 추진 위원회

일시 : 2006년 9월 29일(금) 오후 5시

장소 : 서관에서 인촌기념관으로 올라가는 길목

* 조지훈 시비 건립 제막식 팸플릿 표지

7. 《고대신문》 인터뷰 (2020년 11월 2일_이성혜 기자)

바쁘신 가운데 《고대신문》을 위하여 귀한 시간과 소중한 지혜를 나눠 주셔서 감사합니다.

최동호 선생님께서 문학에 관심을 가지게 된 건 언제부터이셨나요? 글을 쓰시게 된 이유도 궁금합니다.

중학교 2학년 겨울이었던 거 같습니다. 중학교 졸업을 앞두고 가장 친한 친구와 학교로 넘어가는 산등성이를 오르다가 그가 나에게 물었습니다. 앞으로 너는 무엇을 할 것이냐는 질문에 문득 '나는 문학을 할 거야.'라고 답했던 것을 기억하고 있습니다. 물론 구체적인 생각을 가지고 한 말은 아닙니다. 중학생이 그런 생각하고 있었다는 것이 중요하다고 봅니다. 이미 교과서보다는 많은 시간 문학책을 읽고 있었습니다.

조지훈 시인의 영향도 있으셨나요? 조지훈 선생의 시 중에 어떤 시를 가장 좋아하셨었는지 궁금합니다.

조지훈 선생님은 제가 고대로 진학하는 결정적인 계기를 만들어 주신 분이었습니다. 당시 그분은 거인의 풍모를 가지고 있었습니다. 국어교과서에 수록된 그분의 시 〈승무〉를 고등학교 시절 배우면서 거기에 들어 있는 고뇌에 강한 끌림이 있었습니다.

유명한 조지훈 시인의 시와 그 특징이 있다면 무엇인가요?

선생님의 문학은 세 가지 정도의 갈래를 가지고 있습니다. 불교의 선적인 것, 유가적인 것, 전통의 고전적 미학을 추구한 것 등이 그것입니다. 친근하게 느끼는 후기에 자신의 심경을 가감없이 토로한 유고시 〈병에게〉 같은 시도 좋아하지만 초기 불교의 선감각을 보여 준 〈고사〉와 같은 시를 좋아합니다.

문학평론가로서 조지훈 시인의 문학을 평론하신다면?

선생님은 현대시의 아버지라고 불리는 정지용 시인의 추천으로 1940년 문단에 등단하시고 같은 지면에 등단한 박목월, 박두진과 1946년 《청록집》을 간행하여 한국 서정시의 정통성을 계승한 시인으로서 광복 전후의 문학사를 잇는 중요한 문학사적 의미를 갖는 시인입니다. 뿐만 아니라 선생의 사회적 명성은 〈시소론〉이나 〈의기론〉과 같은 논설에서 오는 것이지만 당시로서는 가장 체계적인 《시의 원리》라는 저서도 귀중한 학술적 업적이라고 평가됩니다. 현장비평가로서 보여준 월평이나 시론 또한 정연한 문장으로 우리 문단이 지향해야 할 길을 밝혀주셨습니다. 유려한 문장 정연한 논리가 귀하던 당시 선생님의 문체는 세간을 움직이기에 충분한 것이었습니다.

국문과 시절 조지훈 스승에게 문학 수업을 받은 경험이 있다고 알고 있습니다. 어느 시절부터 인연이 되었는지 궁금합니다.

대학에 입학한 1966년 2학기 '문학개론'을 담당하셨고 1967년 국문학과 2학년 1학기 '시론 및 연습'이 조동탁이라는 본명으로 개설되었는데 이 두 과목을 선생님께 수강했습니다. 문학개론은 여러 학과 공통과목으로 개설해 레포트를 열심히 썼던 기억만 강하게 남아 있고 '시론 및 연습'이 인상 깊게 남아 있습니다. 당시 지병의 악화로 실제 강의는 두세 번 정도였던 것으로 기억합니다. 본관 302호 강의실로 기억하는데 첫 강의 시간에 지팡이를 짚고 조금 늦게 수업에 나오셨습니다. 모두 커다란 호기심을 가진 눈으로 기다리고 있었는데 장대한 체구에서 우러나오는 목소리는 교실을 울리고 제 마음에 커다란 반향을 불러일으켰습니다. 특히 '시라는 게 별거 아니다. 언어적 수사나 기교보다는 그 시에 담긴 정신이나 철학 같은 것이 중요하다.'라고 하셨던 것 같습니다.' 아리스토텔레스의 《시학》이나 《시의 원리》를 읽고 레포트를 썼던 것이 기억납니다. 강의를 하시다가 가끔 창밖 멀리 바라보는 안경 너머의 시선은 앞으로 제가 걸어가야 할 보이지 않는 문학의 길을 암시하시는 것 같았습니다. 1968년 5월 17일 작고하신 다음 날 강의 마치고 동급생들과 성북동 자택으로 문상을 갔는데 자그마한 한옥 마당 한 구석에 우두커니 서 있던 물 펌프가 인상적이었습니다. 문밖에는 조화가 길게 늘어서 있었고 집 안에는 문상객들이 가득해 오래 머무르지 못하고 서둘러 빈소에서 돌아온 것 같습니다. 당시 중학생이었던 어린 막내 아들을 두고 가셨다는 것을 걱정하며 소근거렸던 일이 기억납니다.

조지훈 스승은 무엇을 지도하셨나요? 가장 기억에 남는 게 있으시다면 말씀 부탁드립니다.

후일 떠올린 것이지만 훌륭한 선생은 많은 지식을 가르치는 분이 아니라고 생각합니다. 무언의 가르침, 거기서 자신의 갈 길을 찾게끔 하는 분이라고 봅니다. 머릿속의 지식은 언제나 한계가 많습니다. 지식으로 말을 하면 거기서 깊은 교감은 사라진다고 봅니다. 요즈음은 지식이 범람하고 헛된 말이 너무 많습니다. 지금 생각해 보면 지훈 선생님은 선사의 설법 같은 화두를 저에게 던지고 갔던 것 같습니다.

조지훈 스승과 추억이 있으시다면 말씀 부탁드립니다.

고대 교양관 앞 운동장에서 거행된 영결식장에서 조시를 읽던 청록파 박목월 시인이 음울한 목소리와 모윤숙 시인의 울음 섞인 조시 또한 생각납니다. 다음으로는 마석 언덕에 선생님을 안장시킨 일입니다. 당시 3학년이었던 우리 학번 친구들과 2학년 학생들이 운구를 했는데 산 언덕이 매우 가팔라 모두 힘들어 했습니다. 우연히 제가 영정 사진을 들고 맨 앞에서 올라갔는데 그것이 지금 생각하면 운명적인 일이 아니었나 돌이켜 보게 됩니다. 그 당시 사진을 오래도록 간직하고 있었습니다. 제가 고려대 대학원장 재직 시절이던 2006년 9월에 학교 측과 국문학과 총동창회 여러분들의 도움으로 교정에 조지훈 시비를 건립한 것도 기억에 남는 일입니다. 그 과정은 매우 어려웠지만 고려대에 조지훈 시비를 건립함으로써 고려대의 정신적 원점을 세운다는 생각으로 정성을 다했습니다. 퇴직 후 학교에 가면 학생들이 시비 앞에 앉아 담소를 나누는 장면을 보거나 졸업식 후 기념사진을 촬영하는 것을 보게 되는데 여기서 커다란 보람을 느낍니다.

최동호 선생님의 기억에 조지훈 선생님은 어떤 스승이었는지 궁금합니다.

그분은 커다란 거인과 같은 분이었습니다. 시인 이상의 시인이었습니다. 한국학의 대가이셨고 4·19 교수 시국선언문을 주도적으로 작성하는 등 사회정의를 바로잡는 데 직접 참여하신 분이기도 했습니다. 한국의 마지막 선비이자 지사였으며 시인이셨던 분입니다. 지금 돌이켜 본다면 비교적 젊은 나이에 세상을 하직하셨지만 우리가 살고 있는 디지털 시대에는 결코 만나 뵙기 어려운 큰 인간적 스승이었다고 생각합니다.

조지훈 연보

1921 1월 15일(음력 1920. 12. 3.) 경북 영양군 일월면 주곡동에서 부 조헌영(趙憲泳. 제헌 및 2대 국회의원. 6·25 때 납북됨) 모 유노미(柳魯尾)의 삼남 일녀 중 차남으로 출생.

1925-1928 조부 조인석(趙寅錫)으로부터 한문 수학. 영양보통학교 수학.

1929 처음 동요를 지음. 메테를링크 《파랑새》, 배리 《피터 팬》, 와일드 《행복한 왕자》 등을 읽음.

1931 마을 소년 중심의 문집 《꽃탑》 꾸며 냄. 형 세림(世林. 동진東振)과 '소년회' 조직. '소년회'는 천도교에서 방정환을 중심으로 전개된 어린이운동으로 전국적인 조직이었음.

1934 와세다 대학의 통신강의록 공부.

1935 시 습작 시작.

1936 첫 상경. 동향의 시인 오일도의 '시원'사에 체류. 조선어학회에 관계함. 보들레르, 와일드, 도스토옙스키, 플로베르 읽음. 《살로메》 번역함. 초기 작품 〈춘일〉, 〈부시〉 등을 씀. 〈된소리에 대한 일고찰〉 발표.

1937 일제의 해산 명령으로 '소년회'에서 주관하던 어린이날 행사 중단.

1938 혜화전문학교 일반 학생들을 대상으로 한 특과 입학(4월). 상경하여 한용운(韓龍雲), 홍노작(洪露雀) 선생 방문.

1939 《문장》 제3호에 〈고풍의상〉 추천받음(4월). 동인지 《백지》 발간함(제1집에

〈계산표〉, 〈귀곡지〉 발표함). 〈승무〉 추천(12월).

1940 〈봉황수〉 추천(2월)으로 등단 과정을 마침. 김위남(金渭男, 난희蘭姬)과 결혼함.

1941 혜화전문학교 졸업(3월). 오대산 월정사 불교강원 외전강사 취임(4월). 《문장》지 통권 25호로 폐간(4월). 상경(12월).

1942 조선어학회 《조선말 큰사전》 편찬위원(3월). '조선문인보국회'에 입회를 강요받았으나 거부. 성지순례처럼 경주를 방문. 박목월과 처음 교유(4월). 조선어학회 사건으로 검거되어 심문받음(10월).〈파초우〉,〈완화삼〉 등 방랑시편을 씀.

1943 대학병원에서 '폐침윤'과 '신경성 위아토니' 진단을 받고 낙향(9월).

1944 상경(5월). 다시 낙향.

1945 일제의 징용에 걸려 징병번호까지 나왔으나 신체검사 결과 '노무감내불능'으로 판정되어 방면(3월). 8월 16일 해방 소식을 처음 듣고 청년운동 선배 동지들과 군민대회를 열고 친일파를 성토하고 경찰서를 접수. 하곡 송출을 계속하여 군내 배급을 실시했으며 국민학교를 다시 열고 신사를 불태움. 조선문화건설협의회 회원(9월). 한글학회 《국어교본》 편찬원(10월). 명륜전문학교 강사(10월). 진단학회 《국사교본》 편찬원(11월) 등 다채롭게 활동.

1946 경기여고 교사(2월). 전국문필가협회중앙위원(3월). 청년문학가협회 고전문학부장(4월). 정지용 시인 권유로 《청록집》(박두진 · 박목월 공저, 을유문화사) 간행하고 출판기념회(9월). 서울여자의전 교수(9월).

1947 반탁투쟁위원회조직(1월). 전국문화단체총연합회 창립위원(2월). 동국대 강사(4월).

1948 대한민국정부 수립(8월). 고려대 문과대학 국문학과 교수(10월). 반민족특별법 제정(11월)

1949 김구 피살됨(6월). 8·15해방 후 우익으로 전향한 문인들과 전조선문필가협회와 조선청년문학가협회에 속했던 문인들 그리고 중간파 문인들 등으로 분열되어 있던 한국 문단을 통합하려는 목적으로 결성한 한국문학가협회 창립위원(10월).

1950 6월 26일 고려대에서 마지막 강의를 하고 27일 가족을 결별하고 한강을 건너 대전에서 '문총구국대'를 결성하고 기획위원장으로 종군(7월).중서부 전선에서 활동하다가 10월 3일 서울로 돌아왔으며, 국군과 함께 북진하여 평양에 다녀옴(10월). 〈다부원에서〉, 〈도리원에서〉, 〈너는 삼팔선을 넘고 있다〉 등 수십 편의 전쟁시편을 씀. 이 시기에 빨치산에 의해 연행됐던 조부는 자결하고 부친은 납북되었으며 모친을 여의었음.

1951 중공군 6개 군단이 38선을 넘어 남진(1월), 국군 서울로 다시 진입(2월), 종군문인단 부단장(5월).

1952 휴전협정 가조인하고 부산에서 정치파동 일어남(6월), 제2시집 《풀잎 단장》(창조사) 간행.

1953 1949년 봄에 기초되었고 피난 중 완성된 시론집 《시의 원리》(산호장) 대구에서 간행.

1956 민주당 대통령 후보 신익희 선거유세 중 사망(5월), 제3시집 《조지훈시선》(정음사) 간행. 자유문학상 수상.

1957 유치환, 서정주, 박목월, 정한모 등과 한국시인협회 창립(2월)에 참여, 정부 경제개발 6개년 계획을 마련(3월).

1958 수해가 크게 발생하고 자유당 말기 정치적 혼란 속에서 만해 《한용운전집》을 준비하는 한편 첫 수상집 《창에 기대어》 간행.

1959 민권수호국민총연맹 중앙위원. 공명선거 전국위원회 중앙위원. 절판된 시론집 《시의 원리》(신구문화사) 개정판 간행. 제4시집 《역사 앞에서》 간행. 수상집 《시와 인생》 간행. 역서 《채근담》 간행.

1960 월간 《새벽》에 〈지조론〉 발표(2월). 4월 학생 의거를 지지하는 〈교수선언문〉 작성에 참여(4월). 《동아일보》에 〈진혼가―4월 혁명 희생학도 위령제 노래〉 발표(5월).《고대신문》에 4 · 18고려대학생의거를 기리는 시 〈늬들 마음 우리가 안다〉 게재(5월). 한국시인협회 4대 회장(5월). 한국교수협회 중앙위원. 세종대왕기념사업회 이사. 3·1 독립선언기념비건립위원회 이사. 고려대 아세아문제연구소 평의원.

1961 세계문화자유회의 한국본부 창립위원. 벨기에의 크노케에서 열린 국제시인회의에 한국 대표로 참가(9월) 한국 휴머니스트회 평의원.

1962 고려대 한국고전국역위원장. 《지조론》(1962) 간행.

1963 고려대 민족문화연구소 초대 소장. 《한국문화사대계》 전 6권 기획. 《한국민족운동사》 집필.

1964 동국대학교 동국역경원 위원. 수상집 《돌의 미학》 간행. 《한국문화사대계》 제1권 《민족·국가사》 간행. 제5시집 《여운》 간행. 《한국문화사서설》 간행.

1965 베트남 파병 결정(1월). 한일협정 반대 시위로 고려대에 '무기한 휴업령'이 내려지자 정치교수로 지목된 조지훈은 〈사퇴이유서〉를 품속에 간직하고 언제라도 학교를 떠날 준비를 하고 있었음(9월경). 성대 대동문화연구원 편찬위원.

1966 계간 《창작과 비평》 창간(1월). 민족문화추진위원회 편집위원.

1967 한국신시육십년기념사업회 회장.

1968 새벽 5시 40분 지병이었던 기관지 확장으로 영면(5월 17일). 사후에 시 〈병에게〉가 신문 지면에 발표됨. 고려대학교 교정에서 영결식(5월 19일)을 거행하고 경기도 양주군 마석리 송라산 언덕에 영면. 유족 미망인 김위남 여사, 장남 광열(光烈) 자부 고부숙, 차남 학열(學烈) 자부 이명선, 장녀 혜경(惠璟) 사위 김승교, 삼남 태열(兌烈) 자부 김혜경.

1972 7.4남북 공동성명발표(7월). 서울 남산에 시 〈파초우〉를 새긴 '조지훈 시비'가 건립.

1973 박두진, 박목월, 천관우, 김종길, 홍일식, 인권환, 박노준 등을 편찬위원으로 《조지훈전집》(일지사) 전 7권 간행(10월).

1978 김종길, 정한모, 인권환, 박노준 등이 《조지훈연구》(고려대출판부) 간행(10월).

1982 경북 영양군 주곡동 마을 입구에 홍일식 등 제자들이 힘을 모아 시 〈빛을 찾아 가는 길〉을 새긴 '지훈 조동탁 시비' 건립.

1992 절판된 시론집 《시의 원리》(현대문학사) 개정판 간행(10월).

1996 홍일식, 홍기삼, 최정호, 최동호, 인권환, 이성원, 이동환, 박노준, 김인환 등을 편집위원으로 《조지훈 전집》(나남출판사) 전 9권과 별권 《화보집》과 《조지훈 연구》 2권을 간행(10월).

2001 조상호 나남출판사 대표가 '지훈상'을 제정하여 '지훈문학상'과 '지훈국학상' 두 분야를 시행(5월)하기 시작.

2006 고려대 교정에 문과대학 창립 60주년 행사로 고려대 국문학과 총동창회 후원으로 김종길, 조광, 최동호 등이 건립추진위원이 되어 《조지훈 시비》 건립(9월 29일). 전면에 등단작 〈승무〉, 후면에 〈늬들 마음 우리가 안다〉가 새겨짐.

2007 조지훈의 장남 조광렬 씨가 아버지의 생애와 문학에 대한 논집 《승무의 긴 여운과 지조의 큰 울림》(나남출판사) 간행(5월).

2007 경북 영양군에서 일월면 주곡리 주실마을에 '조지훈문학관'을 개관(5월)하고 제1회 지훈 예술제를 개최했으며 이후 영양군 주관으로 해마다 5월에 지훈예술제를 개최.

2011 조지훈의 유택이 있는 남양주시의 남양주문인협회 이용호 회장의 주관으로 '지훈제'를 개최하고 '남양주 조지훈문학상'을 시행(11월).

2012 남양주문인협회 주관으로 마석역 광장에 〈풀잎 단장〉이 새겨진 조지훈 시비 건립(10월).

2020 탄생 백주년 기념사업으로 고려대에서 11월 9일부터 16일까지 '2020 지훈 주간'을 정하고 거교적인 행사 거행.

2020 이형대, 오형엽 등이 편집한 《조지훈연구 2》(고려대출판문화원), 김종훈 해설로 육필시집 《조지훈시초》와 조지훈탄생 100주년 기념 특별전 도록 《나빌레라, 지훈의 100년》, 〈2020 지훈 주간 화보〉 등을 고려대박물관에서 간행(11월).

2021 사단법인 한국시인협회와 사단법인 시사랑회 그리고 남양주 문인협회가 공동으로 주관하여 남양주 조지훈 유택에서 탄생 100주년 기념행사 거행(5월 17일). 당일 우중이었는데도 불구하고 이건청, 나태주, 최동호, 권달웅, 유재영, 김왕노, 김지헌, 김종훈 등 60여 명의 시인들이 참석하여 고인의 넋을 기림.

조지훈 시와 현대 불교시

초판 발행 1쇄 2022년 4월15일

지은이 최동호
펴낸곳 고려대학교출판문화원
www.kupress.com
kupress@korea.ac.kr
(02841) 서울특별시 성북구 안암로 145
Tel 02-3290-4230, 4232
Fax 02-923-6311
찍은곳 한국컴퓨터인쇄정보

ISBN 979-11-91161-86-1 03810

값 16,000원
※ 잘못 만들어진 책은 바꿔드립니다.